ISIP 시간의 프리즘
: 전생에서 미래생까지

전생에서 미래생까지

ISIP
시간의 프리즘

이영현 지음

렛츠북

추천하는 글

ISIP 시간의 프리즘 : 전생에서 미래생까지

'전생'이라는 주제는 과거로부터 현재까지 많은 대중들에게 흥미로운 주제이다. 이 추천서를 쓰고 있는 필자는 거의 이십여 년 가까이 최면과 연관된 전문화된 체계들을 한국에 보급해 왔고 동시에 직업적인 최면상담 활동을 병행해 왔다. 세계 각국의 최면 기법들을 연구하고 탐구해 온 전문가로서, 이영현 저자가 창안한 ISIP(ICS 영적 통찰 프로세스™)는 스피리추얼 최면 분야에서 가장 주목할 만한 혁신적인 발견 중 하나라고 자신 있게 말할 수 있다.

스피리추얼 최면이라는 분야는 그동안 많은 논란과 오해 속에 있었다. 특히 전생이나 영혼의 통찰을 다루는 작업들에서 두 가지 주요한 문제점이 있었다.

첫째는 불충분한 깊이에서 행하는 최면가들의 작위적 개입이다. 많은 최면가들이 모호한 최면의 깊이에서 내담자의 현재 문제의 원인을 전생에서 찾으려 하거나, 미리 정해진 방향으로 전생을 유도하는 등 인위적인 개입을 하는 경우가 많았다. 이는 전 세계적으로도 비슷한 상황이었다.

둘째는 내담자의 무의식적 방어기제다. 내담자들이 자신의 실제 문제나 감정을 직면하지 않기 위해 무의식적으로 전생 이야기를 만들어 내거나 현재의 욕구나 판타지를 전생이라는 형태로 표현하는 경우가 있었다.

나 또한 초기에는 전생이라는 것 자체를 믿지 않았다. 특히 최면으로 떠올리는 전생에 대해서 매우 회의적인 입장이었다. 많은 최면가들이 유행에 편승하여 내담자를 최면으로 유도한 뒤 전생에 대한 작위적인 유도암시를 통해 전생의 스토리를 작화시키는 작업이 마치 당연한 듯 횡행하고 있었기 때문이었다.

그러나 이러한 필자의 회의적인 시각은 울트라 뎁스®를 익히고 제드 상태를 구현하는 과정에서 완전히 바뀌게 되었다. 제드 상태에서의 전생 체험은 일반적인 깊이의 최면 상태에서 이뤄지는 전생 역행과는 완전히 다른 차원의 경험이었기 때문이다. 이영현 저자는 이 제드 상태 경험을 시작으로 이후 수년에 걸친 깊이 있는 통찰과 실천의 과정을 거쳐 ISIP를 개발하게 되었다. 이는 지금까지의 스피리추얼 최면이 가진 한계를 획기적으로 뛰어넘어 더욱 통합적이고 대중적인 접근법을 보여준다.

이영현 저자는 울트라 뎁스®의 제드 상태를 직접 경험한 극소수의 인물 중 한 명이다. 이는 단순한 체험 이상의 의미를 갖는다. 제드 상태에서의 전생 체험은 일반적인 최면 상태에서 이뤄지는 전생 역행과는 완전히 다른 차원의 경험이다. 필자는 울트라 뎁스®와 제드 상태를 통해 그녀의 잠재의식인 '케오라'와의 직접적인 언어적 소통을 가능하게 했고, 필자를 비롯한 몇몇 동료들의 삶의 경로를 바꿀만한 엄청난 영향을 끼쳤다.

특히 이 과정에서 깨달은 중대한 사실은 깊은 최면 이상의 깊이에서 행해지는 영적인 주제의 최면 작업에서 우리의 에고 이면에 있는 본질적인 의식이자 영감의 원천인 '잠재의식'의 역할이었다. 최면에서의 역행은 얕은 상태에서 깊은 상태, 제드 상태까지 매우 다양한 깊이 수준에서 진행할 수 있지만, 그 각각의 단계에서 보이는 효과들은 많은 차이가 있다. 내담자의 상상력이 쉽게 개입되는 가벼운 상태에서부터, 의식과 무의식 파트들의 개입을 최소화시키는 조처 이후에 그 안정화를 확인하고 진행되는 깊은 수준의 작업 간에는 당연히 질적인 차이가 생길 수 있다.

이러한 깊은 이해를 바탕으로, ISIP는 대중적이고 실용적인 프로세스로 재구성되었다. 'ICS 영적 통찰 프로세스'에 포함된 전생이라는 주제는 울트라 뎁스® 프로세스처럼 의식의 탐구를 위해 극도의 깊이와 경험을 끌어내는 작업은 아니다. 이는 일반적인 최면상담에서 행하는 역행 테라피나 내담자 중심 파츠 테라피 등을 적용할 수 있는 최소 수준의 최면 깊이에서도 대중적인 적용이 가능하도록 설계되었다.

ISIP의 가장 큰 차별점은 ICS(Inner Communication with Self by PRESENCE)라는 기반 위에서 'ICS 최면'과 'ICS 정화와 소통'이라는 견고한 가이드라인을 바탕으로 이뤄진다는 것이다. 많은 스피리추얼 최면 작업들이 단순히 현상이나 체험, 단편적 교훈에만 집중하는 것과 달리, ISIP는 내담자의 현재의식과 잠재의식 간의 건강한 소통을 우선으로 한다. 이는 단순한 체험을 넘어 진정한 치유와 통찰로 이어지게 하는 핵심 요소다.

이영현 저자는 현재 ICS 인터내셔널 협회의 이사이자 ICS 최면 트레이너로 ABH(미국 최면치료협회)의 최면 트레이너로 ISIP의 마스터 트레이너로서 활발한 교육 활동을 해오고 있으며, 동시에 십수 년 이상 최면상담을 진행해 오고 있는 베테랑 최면상담가이다. 그녀는 일반적인 최면가들과 달리 이미 ICS 역행 테라피와 내담자 중심 파츠 테라피 등의 전문 분야에 정통한 전문가로서 발군의 기량을 인정받고 있다. 또한 '호오포노포노'의 개념에서 출발해 그녀의 잠재의식의 도움을 얻어 보다 구체적이고 실천적으로 정리한 'ICS 정화와 소통'이라는 대중들을 위한 단계적 워크샵을 개발하고 이와 관련된 다섯 권의 책을 집필한 저자이기도 하다.

나는 서구에서 유행하는 다양한 영혼 통찰 관련 작업들을 직간접적으로 경험했지만, ISIP에서 행하는 접근법은 정말 놀라웠다. 무엇보다 전생의 인격들을 대하는 관점과 기법들은 에고 파트에 대한 이해를 포함해 잠재의식과 초의식을 관통하는 통찰이 없다면 결코 나올 수 없는 접근임을 알 수 있다. ISIP 안에는 이십여 년간 여러 나라의 최면 대가들의 작업을 직접 배우고 익혀온 필자에게도 어느 곳에서도 보지 못한 관점과 본질적인 맥을 꿰뚫는 영감적인 통찰이 녹아있다.

주목해야 할 점은 ISIP가 단순히 전생 체험이나 영적 통찰에만 머무르지 않는다는 것이다. 이 프로세스는 현재-과거-미래를 포괄적으로 연결하며 문제 해결과 치유, 미래를 향한 방향성 제시까지 완성된 7단계의 체계적인 시스템을 갖추고 있다. 특히 '마음의 방' 기법을 통한 내담자의 무의식 상태 파악, ICS 활성화 테크닉, 전생 분석을 통한 카르마 패턴의 이해, 그리고 미래생 효과를 통한 현재의 변화 유도는 그 어떤 스피리추얼 최면 기법에서도 찾아보기 힘든 ISIP만의 독창적인 요소들이다.

최면 전문가의 시각에서 가장 인상적인 것은, ISIP가 내담자의 의식 상태에 따른 세밀한 접근법을 갖추고 있다는 점이다. 깊은 최면의 바닥 상태가 아니더라도 적절한 통찰과 치유가 가능하도록 설계된 이 시스템은, 전문가들을 위한 깊이 있는 도구이면서 동시에 대중적 적용이 가능한 실용적인 방법론을 제시한다.

이 책에 담긴 사례들은 ISIP의 실제적 가치를 잘 보여준다. 각 사례는 단순한 전생 이야기가 아닌, 현재의 문제가 어떻게 과거의 패턴과 연결되어 있는지, 그리고 그것이 어떻게 해소되어 실제적인 변화로 이어지는지를 생생하게 보여준다. 이는 ISIP가 단순한 이론이나 체험이 아닌, 실제적인 변화를 이끌어 내는 강력한 도구임을 증명한다.

그러나 이 모든 가치에도 불구하고, ISIP의 적용에는 중요한 전제 조건이 있다. 바로 'ICS 정화와 소통'에 대한 확실한 이해와 실천이다. 이는 단순한 권고사항이 아닌, ISIP의 성공적 적용을 위한 필수 요소다. 내담자의 무의식이 만들어내는 판타지와 진정한 잠재의식의 메시지를 구분하는 것은 종이 한 장 차이처럼 미묘하기 때문이다.

중요한 것은 결국 내담자의 본질적 에너지인 '잠재의식'이 이 작업에 얼마나 개입하고 주도하고 있는가이다. 단지 테크닉과 프로세스를 통한 흥미로운 체험으로 끝날 수도 있고, 또 다른 경우엔 내담자의 인생 전반을 관통하는 통찰과 변화로 이어질 수도 있다. 결국 그 답은 테크닉이나 절차 자체가 아닌, 그것을 행하는 '사람'에게 있다.

나는 이영현 저자의 ISIP가 한국을 넘어 세계적으로도 인정받을 만한 혁신적인 프로세스라고 확신한다. ABH의 최면 트레이너이자 ICS 인터내셔널의 트레이너로서의 그녀의 전문성, 십 수년간의 현장 경험, 그리고 무엇보다 제드 상태라는 특별한 체험을 통한 깊은 통찰, 저자의 잠재의식의 인도가 완벽하게 조화를 이룬 결과물이 바로 ISIP이기 때문이다.

이 책은 단순한 영적 통찰 최면의 사례집을 넘어, 영적 통찰과 치유의 새로운 지평을 여는 이정표가 될 것이다. ISIP는 이제까지의 스피리추얼 최면 작업들이 가졌던 한계를 뛰어넘어, 보다 체계적이고 합리적인 접근으로 이 분야의 새로운 기준을 제시하고 있다. 최면의 깊이와 의식 통찰의 경지를 끊임없이 탐구해 온 전문가로서, 나는 이 책이 3세대 최면의 발전에 기여하는 새로운 전환점이 될 것임을 확신한다. 더불어 ISIP가 과거에 기준 없이 무분별하게 행해지던 영적 주제의 최면 작업에 큰 지침을 제공하고, 이미 이 분야의 수준을 한 단계 끌어올림으로써 한국에서 대중적인 영적 최면 워크의 새로운 지평을 열고 있다는 사실에 깊은 자부심을 느낀다.

문 동 규

ICS 인터내셔널 협회 이사장
울트라 뎁스® 한국, 아시아 공동 지부장
ICS 한국 현대최면 마스터 스쿨 원장

울트라 뎁스® 헤드 에듀케이터
ABH 최면 마스터 트레이너
파츠 테라피 트레이너
메즈머리스-머스® 트레이너

차례

추천하는 글 ・004

울트라 뎁스®, 제드 상태로부터 시작된 전생의 여정	014
ISIP, ICS 영적 통찰 프로세스™의 시작	034
유년부터 전생까지, 영혼의 기억들의 정화	050
영혼이 보내는 메시지, 진정한 자유	079
기나긴 영혼의 여정, '나'에 대한 교과서	096
나에 대한 깊은 이해가 자기 사랑으로	126
윤회의 함정, 천 년의 습관	151
'완벽'에 대한 오해	175
불안함의 진실	181
무엇에 만족할 것인가	187

천 년의 낡은 습관, 신분의 억압 Episode Ⅰ	194
천 년의 낡은 습관, 신분의 억압 Episode Ⅱ	201
우리는 삶의 베테랑, 생존의 두려움 Episode Ⅰ	207
우리는 삶의 베테랑, 생존의 두려움 Episode Ⅱ	212
인과법의 오해, 죄책감 Episode Ⅰ	217
인과법의 오해, 죄책감 Episode Ⅱ	226
새로운 시작, 미래생의 '나'에게로 확장	233
전체를 향해가는 여정, 자기 용서, 자기 사랑	245

함께 읽으면 좋은 책 • 254

울트라 뎁스®,
제드 상태로부터 시작된 전생의 여정

2010년대의 초반이었다. '한국 현대최면 마스터 스쿨'에서 최면 전문가 과정을 수료한 후 문동규 원장님에게 울트라 뎁스® 스테이징을 받을 수 있는 기회가 생겼다. 당시 문동규 원장님은 전 세계에서 극소수인 울트라 뎁스® 에듀케이터로 인증되기 위한 마지막 관문을 앞두고 있던 시점이었고 이 과제를 통과하기 위해 다양한 시도들을 하고 있었다.

우선 울트라 뎁스®에 대한 짧은 설명을 하기 전에 현재 내가 속해있는 'ICS 인터내셔널' 협회에서 말하는 마인드 모델을 간단하게 설명할 필요가 있다. 지금의 ICS 마인드 모델은 울트라 뎁스®의 마인드 모델과 나 자신의 잠재의식과의 소통에서 알게 된 'ICS 정화와 소통'의 의식 확장 모델을 바탕으로 체계화시킨 것이다.

그러므로 이는 절대적인 기준과 사실을 명시하는 것이 아니며, 내적 구조를 이해하는 데 있어 'ICS 인터내셔널'의 관점에서 정리하는 개념들임을 알아주길 바란다. 실제로 수많은 단체나 개인들이 우리의 내면을 두고 다양한 마인드 모델을 제시하고 있으며 여기에서 제시하는 것 또한 그중 하나일 뿐이다.

우선 '나'라는 존재에는 두 가지의 인격체가 존재한다고 본다. 외부 물질 세상을 담당하고 있는 외부 인격체인 '**현재의식**', 내부 에너지체로 존재하고 있는 내부 인격체인 '**잠재의식**', 그리고 이 두 개의 인격체 사이에는 '**심층의식**'이라는 영역이 존재하는데, 우리가 살아온 수많은 인생들의 기억들과 신념, 감정들을 카르마의 형태로 담고 있는 일종의 저장창고인 데이터베이스 같은 역할을 하고 있다. 그리고 이 모든 영역을 초월하고 아우르는 상위적인 차원으로써 신과 모든 근원의 진리를 담고 있는 '**초의식**'이 존재한다고 본다.

'현재의식'은 대부분 '심층의식'에 고착되어 인생을 살아가고 있다. '심층의식'은 다른 말로 '무의식', '에고' 또는 최면 테라피에서 말하는 '파트'의 개념이라고도 할 수 있는데, 우리의 의식은 인식하지 못하는 범위에서 늘 심층적인 에고, 파트와 고착되어 자신을 정의 내리고 정체성을 결정하며 나아가 그것에 의존해서 인생의 모든 선택과 판단을 내리면서 살아간다.

호오포노포노에서 말하는 '기억을 정화하라. 제로로 만들어라'에서 그 기억들이 '심층의식'을 말하는 것이고 흔히 카르마라고 부르는 것 또한 '심층의식'에 기록되어 있는 과거생들의 기억, 신념, 감정들을 말하는 것이다.

'잠재의식'은 '심층의식'에 영향을 받지 않는 순수한 내적 인격체로써 모든 윤회에 걸친 통찰을 지니고 있으며 '현재의식'보다 훨씬 상위적인 지혜를 가지고 있는 존재이다.

그리고 이 부분은 흔히 다른 단체에서 표현하는 '본질적인 나, 순수한 나' 등의 영역으로 표현해도 무방하며 대중적인 의미로 통용되는 '영적인 나'를 뜻하는 '영혼'이라고 표현되어도 무리가 없다. 실제 이 책에서 언급되는 여러 사례들의 작업 진행 과정에서 잠재의식을 영혼이라고 지칭하기도 한다.

그러므로 독자들 또한 이 책을 읽으면서 영혼과 잠재의식을 같은 의미라고 생각하면 된다.

이들에 대한 각각의 세부적인 역할과 특성들에 대해서는 사실 'ICS 마인드 모델'에만 관련된 책을 따로 출판해도 좋을 정도로 꽤 깊고 방대한 내용들이 있다. 그리고 그 부분들은 ICS의 여러 강의나 프로그램에 걸쳐 다루고 있으므로 이 책에서는 본 사례들을 이해하는 데 있어 무리가 없을 정도로 위와 같은 간략한 설명만 언급하는 점 양해 바란다.

다만 위 ICS 마인드 모델에서 언급된 '현재의식', '잠재의식', '심층의식'이라는 단어에 내포된 마인드 모델의 세부적 의미는 '울트라 뎁스®'와 'ICS 정화와 소통'을 기반해 탄생한 것으로, 이것에 대한 온전한 의미 또한 ICS 출처의 관련 자료에 근거를 둬야 한다. 간혹 일부의 경우에 ICS 교육과정들을 수료했다는 이유로 마치 이것들을 자신들이 만들었고 이 세부적인 지칭과 의미들을 모두 아는 것처럼 무분별하게 지칭하며 그 원래의 뜻을 왜곡시키는 일이 있는데 이는 지양되어야 함을 당부드린다.

다시 울트라 뎁스®로 돌아가 보자.

울트라 뎁스®는 기존의 최면과는 결이 다른 특화된 영역으로, 인간의 의식이 다다를 수 있는 극도의 이완에 접근하는 것이다. 그 궁극의 이완 속에서 울트라 뎁스®(= 씨코트 상태)에 다다르게 되면 현재의식은 완전히 깊은 잠에 빠진 것처럼 보이게 되고 수면 아래에 있던 잠재의식은 활성화되면서 외부로 드러나게 된다.

실제로 이 상태에서 피험자의 잠재의식과 이 상태를 유도한 유도자 사이에 직접적인 언어적 소통이 일어나기도 하는데 그 소통에서 잠재의식은 내담자에 대한 중요한 통찰이나 정보 등을 직접 말해주기도 한다. 다만 이 상태를 달성했다 하더라도 처음부터 잠재의식과의 직접적인 언어적 소통이 원활하지 않을 수는 있다. 실제로 이 단계에 이르기까지는 울트라 뎁스®(씨코트) 상태를 완전히 안정화하기 위한 여러 과정과 시간이 소요된다.

하지만 직접적인 언어적 소통이 일어나는 상태가 아니라 하더라도 이 상태를 성취하기 위한 궁극의 이완 과정에서 이미 의식적으로 깊은 치유와 회복을 경험하기도 하고, 종종 심연 깊은 곳에 봉인되어 있던 심층의식을 마주하게 되는데 그 심층의 패턴을 스스로 인식하고 분리할 수 있다면 내담자는 어디에서도 경험할 수 없는 큰 통찰과 진화를 스스로 경험하게 된다.

하지만 어디까지나 '인식'과 '분리'라는 결코 쉽지 않은 전제가 반드시 있어야 하며 그렇지 못하면 오히려 더 큰 심층 패턴에 고착되어 큰 혼란을 경험하게 되기도 한다.

우리는 이를 여러 피험자들을 통해 수년에 걸쳐 지켜보고 경험하였으며, 이는 현재 울트라 뎁스®에 'ICS 정화와 소통'의 개념이 크게 자리 잡게 되고, 또 ICS로 진화하게 된 결정적인 이유이기도 하다. 극한의 내적 이완의 결과로써 심연의 에고 패턴, 심층 패턴들이 수면 위로 올라오는 것은 당연할 수 있지만 그것을 제대로 정화하지 못한다면 오히려 큰 혼란만 가중될 뿐이기 때문이다. 이것은 울트라 뎁스® 프로세스의 위력이 가진 양날의 검과 같다.

울트라 뎁스® 상태를 안정적으로 달성하고 나면 '제드 상태(= 라메이 상태)'라는 특별한 상태로 나아갈 수 있는데, 이는 전생의 경험을 끌어오는 상태로 기존의 가벼운 최면에서 암시로 유발시키는 회상하는 식의 전생 체험과는 달리 완전히 시공간을 초월해서 현재 위에 과거의 어느 시점이 오버랩 되는 체험을 하게 된다.

이 상태에서 내담자는 눈을 뜬 상태에서 오감적으로 생생하게 그 시대를 경험하며 심지어 그 시대 언어를 직접 구현하기도 한다. 이는 대부분 의식이 배제된 상태에서 진행되는 역행이기에 돌아 나온 내담자는 이 경험을 의식적으로 떠올리지 못하는 경우가 많다. 이러한 역행은 결코 일회성으로 쉽게 성취되는 상태들이 아니다. 그러나 실제로 이런 상태는 존재하며 울트라 뎁스® 프로세스를 체계화시켰던 제임스 라메이 선생님의 구체적인 기록물로도 남아있다. 또한 얼마 전 한국지부인 '한국 현대최면 마스터 스쿨'에서 있었던 울트라 뎁스® 프로세스 과정 중에도 실제 시연이 일어났다.

솔직히 고백하자면, 나는 안정적인 제드 상태를 완벽히 재현하지는 못했다. (이 체험에 대해서는 이전 저서 《ICS 정화와 소통: 영혼의 매트릭스》에서 상세히 다룬 바 있다.) 당시 나를 스테이징 해주었던 문동규 원장님이 분명히 안전을 고려하여 전생 중에서도 긍정적인 어느 한 지점으로 가라고 나의 잠재의식에게 말했지만 웬일인지 나의 잠재의식은 그 요청을 무시하고 아주 부정적인 장면 속으로 들어가 버렸다.

남편이 하루아침에 강도에게 살해를 당하고 어린 딸과 홀로 남은 채 평생 극심한 우울증에 잠식되어 살았던 한 여성의 삶 속에 스스로 빨려 들어가 버린 것이다. 그리고 그 삶의 장면에서 경험한 극도의 우울한 느낌들은 아주 짧은 제드 상태의 체험이었음에도 그 후 몇 달 동안 너무나 생생하게 일상에서 나를 괴롭혔다.

그것은 마치 전생의 고통이 현실로 흘러들어오는 듯한 이상한 경험이었다. 마치 정신병에 걸린 것처럼 극심한 우울감과 함께 특히 가슴 부위에서 자해의 흔적이 생생하게 느껴졌다. 평소 손가락 하나 베이는 것도 무서워하던 내가, 전생에서는 견딜 수 없는 우울감을 잠재우기 위해 날카로운 칼로 가슴을 그었다는 충격적인 기억이 떠올랐다. 가슴이 터질 것 같은 답답함을 느낄 때마다 육체적 고통으로 그 감정을 잊으려 했던 것이다. 실제로 옷을 갈아입을 때마다 존재하지도 않는 가슴의 칼자국이 느껴졌고 상처의 시린 통증이 느껴져 괴로웠다.

더욱 이상했던 것은 이 체험이 나뿐 아니라, 제드 상태 재현 시 강의실에 같이 있었던 모든 이들에게 영향을 미쳤다는 점이다. 평소 건강하던 사람이 갑자기 극심한 두통이나 몸살을 겪고, 점잖은 사람이 갑자기 큰 시비에 휘말리는 등 현실에서도 이상한 혼란이 일어났다.

그것의 경험이 너무나 강렬했기 때문에 나는 전생에 대해 격렬한 거부감이 일어났고 더 이상 제드 시연을 진행할 수 없었다. 사실 나는 애초에 나의 전생에 대한 관심이 전혀 없었고, 꽤 오랫동안 단순히 재미를 위한 체험으로 최면 전생 작업을 진행해 오면서도 정작 그것에 대한 진중한 믿음은 없었기 때문에 더더욱 쉽게 제드 상태의 경험을 포기할 수 있었다.

그렇게 끝난 줄로만 알았던 제드 상태에서의 나의 짧은 전생 체험은 그 후 생각지도 못한 방식으로 나의 인생을 당황스럽게 흔들어 놓기 시작했다. 마치 그것은 나의 내부에서 현생과 전생 사이에 있는 시공간의 경계에 금이 가는 듯한 느낌이었는데 비록 완벽한 제드 상태를 구현한 것은 아니었다 하더라도, 분명한 건 내적 시공간의 벽에 금이 갈 정도로 강렬한 두드림은 있었던 것 같다.

그 균열의 틈 사이로 새어 나오는 나의 전생에 대한 장면들과 정보를 나는 수년간 내 의지와 상관없이 직면해야 했다. 생각지도 못한 타이밍에 어느 전생의 장면들이 눈앞에 아니 머릿속에 생생하게 펼쳐지기 시작했는데, 그것은 멀쩡하게 길을 걷다가도 나타났고 어느 날은 TV를 보고 있다가 또 어느 날은 식사를 하던 중에 두서없이 드러났으며 때로는 어떤 낯선 이름이 밤새도록 또는 며칠에 걸쳐 반복적으로 떠오르기도 했다.

그런 현상들은 거의 십여 년이 지난 시점, 특히 2022년 초반부터 급속도로 심해지기 시작했는데 마치 위태롭게 버티고 있던 금 간 벽이 마침내 그 무게를 이기지 못하고 와르르 무너지듯이, 내 안의 어느 영역에 저장되어 있던 전생을 둘러싼 경계가 붕괴되면서 마구 밀려 나오는 듯했다.

2022년은 나에게 고통의 해였다. 전생에서 쏟아져 나오는 온갖 파장들을 정신적으로 신체적으로 감당해야만 했는데, 그 무게에 비해 나는 아무런 준비도 되어있지 않았고 여전히 마음속에는 전생에 대한 거부감과 저항만이 가득했다.

지금의 나를 보는 이들은 아니라고 부정할 테지만, 난 분명히 아주 현실적이고 과거에 연연하기보다는 미래지향적인 사람이다. 현실적으로 명백하게 드러나는 것만 믿어왔고 지나간 일에 연연하는 것은 시간 낭비일 뿐이라는 신념 속에 살아왔기 때문에 영화나 드라마를 보더라도 사극이나 역사극에는 전혀 관심을 가지지 않았었다. 학창 시절에도 우주에 관련된 정보를 배울 수 있는 물리학이나 과학 과목에 관심이 특히 많았지 역사 쪽에는 아예 관심이 없었다.

그리고 마음 한편에는 이런 두려움 또한 있었던 것 같다. 나의 전생을 알게 된다는 것, 그것이 진짜라면 어떻게 받아들일지에 대한 불안함, 그리고 그 속에서 나는 어떤 불안정한 상태가 될 것인가 하는 혼란에 대한 두려움이 마음 깊은 곳에서 전생을 거부하고 있었던 것 같다.

이런 나였음에도 불구하고 지금 내가 과거와 내면을 탐구하는 목적으로써 최면이라는 도구를 사용하는 전문가가 되어있고 전생과 영적 통찰을 다루는 프로그램을 강의하는 트레이너가 되어있다는 것이 내가 생각해도 참 아이러니하다. 돌이켜 보면 이 모든 것이 내 의지와 상

관없이 인생의 흐름에 실려서 흘러갔던 것 같다. 인생은 정말 내 의지대로, 내 뜻대로 흘러가지 않는다!

    2022년 본격적으로 나의 전생을 느끼기 시작하면서 내 주변에도 이상한 현상들이 일어나기 시작했는데 그중 하나는 나의 내담자들에게 최면상담 중 자발적으로 전생 역행이 일어나는 현상이었다.
    자발적 전생 역행이란, 유도자가 내담자에게 전생에 대한 언급이나 암시, 지시를 전혀 주지 않았음에도 내담자들이 자발적으로 전생으로 역행하는 것을 말한다. 그중에서도 어느 시점의 10개월 정도는 내가 최면상담을 진행했던 내담자 모두가 한 명의 예외 없이 자발적인 전생 역행을 일으켰다. 각성 상태에서나 상담 중에도 그 어떤 직접적인 전생 언급 또는 전생을 연상시킬 만한 간접적인 암시조차 없었는데 말이다.
    그중에는 심지어 독실한 종교인으로서 평소 전생을 믿지 않고 살아왔던 굳은 신념의 내담자들도 있었는데 작업 중에 그들 스스로 자신의 전생 속에 빨려 들어가 서로 당혹감을 감추지 못하기도 했다. 특히 몇몇 내담자는 위와 같은 이유로 상담 중에 자신 앞에 펼쳐지는 것에 대해서 입을 다물고 표현하기를 거부하기도 했는데 나는 그럴 때마다 내담자들이 스스로 그것을 자유롭게 받아들이고 표현할 수 있도록 설득해야만 했다.

    "선생님, 괜찮아요. 그냥 상상이라고 편하게 생각하세요. 그러니 마음 놓고 자유롭게 느껴지는 것을 말씀해 주세요."

"아… 저… 그게… 제가 한복을 입고 한옥집 마당에 있네요."

이런 현상이 두드러지기 시작하자 사실 최면상담사로서 나도 당황스럽기는 마찬가지였다. 그래서 어느 순간부터는 아예 역행을 유도할 때 자발 전생을 막을 수 있는 직접 암시를 해버리기도 했다.

"자… 이제 제가 숫자를 셋까지 셀 것입니다. 셋이 되는 시점에 지금의 이 분노와 관련된 상황들 중 ○○로(현생 이름) 살아왔던 유년 시절 안에서 그 최초 원인이 되는 상황으로 가 있게 됩니다! 당신의 유년 시절 안에서 그 어느 시점에 있게 됩니다!"

하지만 매번 이런 나의 직접적인 암시들을 그들의 잠재의식(영혼)들은 거뜬히 뛰어넘었고 내담자들은 아주 자유롭게 내적 시공간을 넘나들었다. 또 많은 내담자들이, 최면을 시작할 때 방문하는 '마음의 방'이라는 상징적인 장소에서부터 그날 우리가 체험해야 하는 전생의 한 장소를 반영해서 보여주기도 했다. 마치 나에게 그들의 잠재의식(영혼)이 '오늘 우리 이곳에 가야 하니까 미리 알고 있어요'라는 신호를 주듯이 말이다.

예를 들어 한 내담자는 이완과 함께 자신의 마음의 방을 느꼈을 때 방 한구석에서 갓난아기의 울음소리가 들린다고 했다. 그 아기는 소쿠리 안에 눕혀진 채로 얇은 천에 덮여있었는데 그 천을 살짝 들추는 순간 그의 가슴 아픈 전생 경험은 저절로 시작되어 버렸다.

또 다른 내담자는 마음의 방을 표현할 때 아담한 나무집 밖으로 멋진 바다의 풍경이 느껴진다고 했는데 그곳은 이후 진행한 작업 중 자발 전생으로 가게 된 전생의 자신이 살던 집이었다.

또 어떤 내담자는 이미 마음의 방을 표현해 보라고 할 때부터 어떤 중세의 성 같은 감옥에 갇혀있음을 호소하기도 했는데 이어진 작업에서 당연하게도 그는 중세 시대 성직자로 살다가 모함을 받아 성에 갇혀있었던 인생으로 자발적인 전생 역행을 하였다.

이런 믿지 못할 현상들이 1년여 넘게 반복되던 어느 날, 누구보다 논리적이고 현실 기반의 중심을 중요하게 여기는 문동규 원장님이 이런 말씀을 진지하게 하셨다.

"지금 선생님에게 일어나는 이런 현상은 제가 아는 한 어느 최면가에게도 일어난 적 없는 미스테리한 일입니다. 이 현상은 선생님의 전생이 외부로 드러나면서 일어나는 강력한 파장들이 제3자들에게 영향을 미치고 있다는 증거이기도 합니다. 선생님이 경험하고 있는 것들을 이제는 받아들이세요. 그 엄청난 파장의 영향력들이 현실에서 이렇게 드러나고 있으니까요."

그리고 원장님의 이 말은 나에게 일어나고 있는 형이상학적인 내적 파장들에 대해 좀 더 마음을 열 수 있게끔 해주었다. 그리고 사실 파장이라는 말 정도로는 어울리지 않는다. 그것은 파장이 아니라 대폭발이었다.

그리고 참 재밌는 사실 한 가지를 덧붙이자면, 현재 내가 강의하고 있는 'ICS 영적 통찰 프로세스™(ISIP)'에 참여한 수료생들의 사례들에서도 나와 같이 내담자들의 자발적인 전생 역행을 빈번하게 경험하는 이들이 많다는 것이다. 마치 우리 모두 연동되어 있는 것처럼 말이다.

우선 자발적 전생 역행 현상에 대한 현재 상황을 이야기하자면, 그 후 1년여 정도가 지나고 나의 전생이 마무리되어 갈 때쯤 그 확률 또한 조금씩 줄어들기 시작했다. 하지만 여전히 많은 내담자들이 자발적인 전생 역행을 보이고 있으며 현재 그 확률은 70~80% 정도를 넘나드는 것 같다.

나는 정말 스스로의 의도나 의지가 전혀 없이 어떤 보이지 않는 거대한 힘에 의해 어느 날 전생 전문가가 되어있었다. 사실 내가 체험한 전생들에 대해 완벽한 사실이라고 말할 수 없음은 당연하고 전생이라는 추상적인 분야에 전문가라는 단어를 붙이는 것도 모순일 수 있지만 어찌 되었든 표면적 현실에서 내가 하고 있는 중요한 분야 중에 하나가 'ICS 정화와 소통'이며 그에 못지않게 중요하게 하고 있는 것이 '전생'에 관련된 부분을 통해 통찰을 일으키는 일을 하고 있다는 것은 명백하다.

그래서 지금 경험하고 있는 자발적 전생 역행은 그 당시 폭발하듯 쏟아져 나왔던 자발적 전생 역행과는 결이 좀 다를 수 있다고 생각한다. 왜냐하면 현재 나는 'ICS 영적 통찰 프로세스™(ISIP)'라는 프로그램을 정립하고 가르치고 있는 ISIP 마스터 트레이너로, 이런 나의 직업과 이력을 충분히 알고 나를 찾아오는 내담자들의 의식 속에는 이미 간접적으로 '전생'이라는 암시가 암묵적으로 영향을 미칠 확률이 상당히 있기 때문이다.

하지만 그럼에도 'ICS 정화와 소통'과 함께 또 다른 내 인생의 방향이 된, 전생과 영적 통찰로 이끄는 이 작업들을 통해, 내담자들 스스로 자신의 인생에 대한 깊은 통찰을 해나가며 그 가치가 빛을 발하게 될 것이라고 믿는다.

나의 내면으로부터 쏟아진 정보들은 결코 친절하게, 매너 좋게 다가오지는 않았다. 기승전결로 차근차근 보였다면 훨씬 이해하기 편하고 시행착오 없이 받아들이기 수월했을 것이다. 그리고 내면에서 '똑똑 나 이제 나갈게. 준비해…'와 같은 신호라도 먼저 올려주거나 아니면 내가 나의 내면을 향해 '이제 준비됐어. 알려줘…'라고 할 때까지 기다려 주었더라면 참 좋았을 텐데, 그것들은 정말 불규칙적으로 그리고 갑작스럽게 마치 뒷머리에서 번개가 내리치는 것처럼 '쿵!' 하고 내 의식에 내리꽂혔다.

 그리고 보면 참으로 놀라운 것은 나의 고집이었을까? 그 기간 동안 정작 한 번도 나 스스로 그것을 알기 위해 질문을 던지거나 초점을 의도적으로 맞춘 적이 없었다. 정말 하늘에서 일어나는 자연재해처럼 규칙성 없이 어떤 신호도 없이 무의식의 정보들이 그렇게 저절로 튀어나왔다.

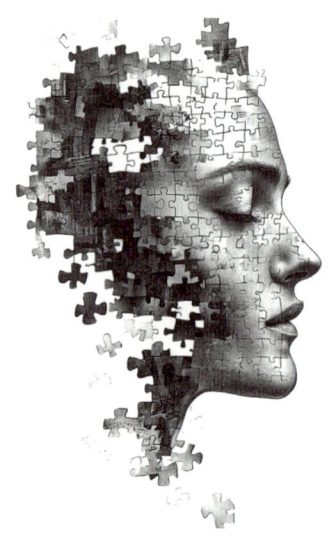

 그리고 모든 역사에도 흐름이 있고 소설책이나 드라마에도 일련의 규칙성 있는 흐름이 있는 것처럼 기승전결의 순서로 차근차근 정보들이 나오는 것이 아니라, 마구잡이식으로 부분 부분들이 시간 순서에 상관없이 드러났다.

 마치 아주 거대한 퍼즐 판에서, 서로 영역이 완전히 다른 두서없는 그림의 조각들이 툭툭 떨어져서 서로 연관성 없이 존재하다가 시간이 흐르고 꽤 많은 조각들이 생겼을 때 비로소 어느 부분들의 그림이 완성되어 가는 식으로 진행되었다.

책으로 비유한다면 이런 식이다. 어느 날 110페이지의 장면이 펼쳐졌다. 하지만 그전의 사연들을 모르고 있으므로 참 뜬금없고 전혀 이해가 가질 않는다. 그러다 어느 날 56페이지가 펼쳐지고 또 어느 날 30페이지, 그다음엔 132페이지… 이런 식으로 펼쳐진다. 책을 첫 장부터 차근차근 읽어나가는 것이 아니라 여러 페이지를 무작위로 읽어나가는 느낌이다. 그러다가 거의 이 책을 다 읽어갈 때가 되어서야 비로소 왜 110페이지에 이런 장면이 나오게 된 것인지, 왜 결말이 이런 것인지 등등 아귀들이 다 맞춰지고 이해가 되는 식이다. 지금 다시 생각해 봐도 참 불친절한 전개였다.

드라마로 치자면 이해할 수 없는 떡밥만 수년간 뿌려놓고 막판에 다 회수하는 식인데 아마 시청자들의 불만이 극에 치달았을 것이다.

나 또한 두서없는 복선들과 떡밥들 때문에 많은 혼란을 느꼈지만 한편으론 말로 표현할 수 없는 희열도 있었음을 부인할 수는 없다.

아무런 상관이 없을 것만 같았던 퍼즐의 조각조각들이 조금씩 모여서 마침내 그 영역을 완성했을 때 느껴지는 그 희열감, 또 아무 의미가 없을 것만 같았던 사소한 어떤 장면과 정보들이 나중에는 실은 거대한 의미를 지니고 있음이 드러났을 때의 충격….

이 과정을 낱낱이 함께 공유한 이들이 있었는데 바로 문동규 원장님을 비롯한 ICS 인터내셔널 협회의 이사진들이었다. 이들이 없었더라면 정말 고독하고 괴로운 과정이었을 것 같다. 이들은 극심한 내적 혼란 속에 있었던 나의 경험들을 진심으로 공감해 주기도 하고 동시에 내가 현실적인 중심을 잘 잡을 수 있도록 늘 냉철하고 현명한 조언도 아낌없이 해주었다.

그리고 어느 날 그들은 나에게 이런 말을 했다.

"선생님, 이건 도저히 머릿속에서 의식적으로 만들어 낼 수 없는 것들인 것 같습니다. 만약 선생님의 머릿속에서 상상으로 스토리를 만들어 내려고 했다면 처음부터 논리적으로 기승전결을 완성시켜 나갔겠죠. 우리의 의식은 늘 논리와 시간에 매여서 진행하려는 습관이 있으니까요.
그런데 이렇게 불규칙한 정보들이 마구잡이식으로 드러나고 어느 날 그 모든 스토리가 갑자기 완성되는 식의 과정은 정말 놀라울 지경입니다. 이게 바로 우리 영혼들의 방식인 것 같아요. 전체를 다 보고 있는 그들에겐 시간에 매이는 기승전결은 이미 의미가 없을 테니까요."

그 과정에서 자발적인 전생 역행이 일어났던 것도 신기했지만 역사나 지리에 문외한이었던 내가 역사적, 지리적 사실을 나의 전생 속에서 알게 된 것들이 꽤 있었다는 사실도 흥미로웠다.
예를 들어 내가 봤던 고대 이집트의 한 전생에서는 머리가 유독 빛

나는 금발에 피부가 하얀 백인들이 여럿 섞여 있었는데 그들은 외모만 봐도 이집트인이 아닌 이방인이었다. 그중 한 명에 대한 정보가 올라왔었는데 자신의 이름은 '히로스무스'라고 했으며 그리스인이라고 했다. 실제로 그 정보를 인식하자마자 지도와 역사 정보를 찾아봤는데 놀랍게도 지리상 이집트의 바로 위에 지중해를 끼고 그리스가 있었다. 독자들은 이미 알고 있는 정보인가. 하지만 나는 전혀 몰랐다.

그리고 또 한 가지 사실은 내가 느낀 고대 이집트에 이미 그리스인과 이집트인의 혼혈이 존재하고 있었는데 역사적 정보들을 찾아본 결과, 지리적 특성으로 인해 실제로 이집트인 중에 그리스 혼혈이 가장 많았다고 한다.

또 한 가지는 불가리아에서 살았던 전생이 있었는데, 처음 이 전생이 떠오를 때 두 나라가 같이 겹치는 것이었다. '불가리아, 세르비아, 불가리아, 세르비아…' 참 이상했다. 전혀 상관없을 것 같은 두 나라가 왜 겹쳐서 떠오르는지 말이다. 하지만 그 이유는 세계지도를 찾아보면서 쉽게 알 수 있었다. 전혀 관심도 없던 두 나라가 놀랍게도 지리적으로 국경을 맞대고 붙어있었고 실제로 나는 불가리아인으로서 세르비아와 불가리아 국경지대 작은 시골 마을에 살고 있었다. 그러다 어느 날 전쟁이 터졌는데 피난처에 숨어있다가 세르비아 군인을 맞닥뜨려 큰 공포를 느꼈던 장면이 생생하게 올라왔다. 그 후 역사 정보를 찾아봤을 때 실제로 세르비아가 불가리아를 침략했던 전쟁이 있었다.

이런 식의 역사적인 정보들이 일치하는 것은 이 외에도 꽤 많았는데 놀라움 그 자체였다. 하지만 그렇다고 나의 모든 전생의 정보들이 완벽하게 다 올라온 것은 아니다.

간혹 전생의 모든 기억을 지닌 채 태어난 아이들이 있고 또는 자신을 비롯한 타인의 전생까지 생생하게 들여다보는 듯한 진기한 능력을 가진 이들이 존재하는데 명백한 것은 나는 그런 존재가 결코 아니라는 것이다.

나는 철저하게 '이영현'으로 살아가는 데 있어 영향을 주고 있는 카르마적 패턴에 관련된 것들 위주로 드러났으며 이런 전생이 올라오는 이유 또한 아주 명백하게 보였다. 그건 내가 특별한 능력을 발휘하기 위함이 아닌, 그저 내 개인의 심층패턴의 아귀들을 맞추고 이해해 나가면서 기억들과 카르마로부터 스스로 해방되라는 목적을 지닌 것이었다.

몇 년 동안 올라온 나의 전생을 통해, 왜 이영현으로 이렇게 태어나서 이런 경험들을 하며 이런 성향, 관점, 이런 신념들과 감정들을 가지고 살아야만 했는지 퍼즐들이 맞춰지기 시작했고 이 놀라운 탐구과정은 20년 가까이 정화하며 나를 보고자 했던 모든 노력의 결정적인 보상이 되었다.

여전히 부족함 많은 이영현이지만, 결코 완성되었다 말할 수 없는 수준의 '나'이지만 적어도 이 과정을 통해 나를 들여다보는 눈이 깊어지고 내 인생을 이해하고자 하는 깊은 통찰이 일어난 것은 명백한 사실이다.

ISIP,
ICS 영적 통찰 프로세스™의 시작

혼란스러웠던 시기의 과정을 바탕으로 나는 마치 저절로 움직이듯이 ISIP(ICS 영적 통찰 프로세스™)를 정립하기 시작했다. 내가 경험한 이 일련의 두서없고 혼란스러운 과정들을 하나의 과정으로 체계를 잡아서 인위적인 최면 작업을 통해 내담자들이 내가 경험한 통찰을 스스로 할 수 있도록 이끌어 주고자 하는 마음이 있었던 것 같다.

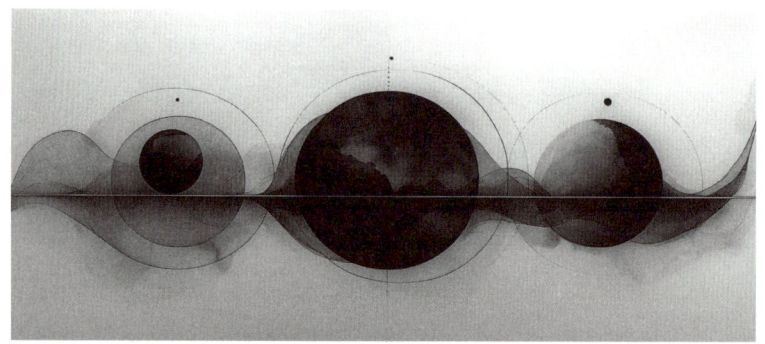

나는 이전에 이미 '한국 현대최면 마스터 스쿨'의 전문가 과정에 포함되어 있던 기본적인 스피리추얼 워크인 '영혼 통찰 기법'을 10여 년

이상 내담자들에게 적용해 왔다. 이 기간에 얻은 경험들도 또한 이 프로그램을 완성하는 데 큰 도움이 되었다.

ISIP(ICS 영적 통찰 프로세스™)는 총 7단계로 이루어져 있다.

전생, 영계 차원, 현생 직전의 영혼 통찰, 태아 통찰, 출산 직후 통찰, 현생의 임종, 미래생 통찰까지 총 7단계로 내적 시간 여행을 하는 것이다.

이는 우리가 다다를 수 있는 다양한 내적 관점을 두루 방문하며 다각도의 확장된 시야를 가지게 되고 각각의 상태에서 각각 다른 의미의 통찰을 스스로 자각하면서 인생의 궁극적인 목적과 의미를 스스로 찾아내기도 하며, 그리고 이완의 깊이에 따라 때로는 상위적인 차원으로부터의 정보나 메시지까지 스스로 느끼고 통찰할 수 있도록 하는 것에 의미가 있다.

이 프로세스에는 아주 섬세하고 세부적인 노하우들이 많이 숨어있는데, 이는 실제로 ISIP 전문가 과정에 참가한 많은 수강생들이 인정하는 부분이기도 하다. 이 과정을 수료한 수료생들의 가장 많은 피드백 중에 하나가 '영적 통찰 프로세스'라고 해서 간단하고 재밌기만 할 줄 알고 가벼운 마음으로 들어왔는데, 생각보다 너무 디테일하고 어려운 부분들이 많아서 놀랐다는 반응들이다. 또한 많은 수강생들이 한 번의 수강으로 이 과정을 모두 소화하고 익히기 힘든 부분들이 많다며 제한된 재수강 좌석을 확보하기 위해 신경전을 펼치는 경우도 있다.

그리고 수강생들 중에는 여러 해외의 단체에서 영적 통찰 또는 스피리추얼 최면 부류의 수업을 이수했거나 해당 세션을 직접 경험해 봤던 분들이 종종 있는데, 이들 또한 ISIP 과정과 기존의 것들을 비교하며 ISIP의 디테일한 체계와 완성도에 놀라워했다.

거기에 ISIP가 2.0버전으로 업데이트되면서 이른바 '**전생 분석**' 기법이 추가되었다. 한 세션에서 하나의 전생이 아닌 우리가 다루고자 하는 주제를 따라 여러 전생의 줄기를 찾아내어 영혼의 패턴, 카르마를 분석하고 그 영혼의 진화과정과 흐름을 체험해 볼 수 있는 과정까지 더해졌다.

또한 현생을 두고 전생이라는 한쪽의 시각만을 다루는 것이 아니라 균형감 있게 현생의 양 날개인 전생과 다음 미래생으로까지 확장하여 윤회의 흐름을 보다 거시적으로 파악할 수 있도록 했다. 왜냐하면 전생과 현생, 미래는 시간 프레임 속에서 일방적으로 한 방향으로 흐르면서 과거에서 미래로만 영향을 주고 있는 형태가 아니라 동시에 존재하면서 균일하게 영향을 주고받는다고 보기 때문이다. 그러므로 미래생의 관점에서 얻은 통찰로써 다시 한번 현생의 진화에 긍정적인 영향을 줄 수 있게 된다. 이를 ISIP 에서는 '**미래생 효과**'라고 한다.

또한 오랫동안의 많은 최면 사례를 바탕으로 내가 개발한, 내담자들의 무의식의 상태를 상징적으로 반영해 주는 '**마음의 방**' 기법이 포함되어 있는데 이는 언어적 소통의 한계를 보완하는 신기하고도 재밌는 기법으로써 통찰 작업에 폭넓은 힘을 실어주고 있다.

ISIP 과정과 같은 영혼 통찰 작업, 그리고 특히 전생이라는 주제를 다루는 것에 대해서는 여전히 많은 논쟁이 존재한다. 그중에 가장 핵심적인 부분은 그것의 사실 여부일 것이다. 그리고 이는 애초에 '전생'이나 '윤회'나 '영혼'이 존재하는가. 그리고 더 나아가 '신'이라는 존재가 있는가. 또는 우리가 살고 있는 물질 세상의 딱 보이는 만큼, 과학적 증거로 드러나는 만큼만이 사실이고 그 외 미지의 것들은 다 허황된 것인가 등의 논쟁으로 볼 수 있다.

이것에 대한 논쟁에 참여하고 싶은 생각은 전혀 없다. 논쟁으로 답을 얻을 수 있는 영역이 아니기 때문이다. 애초에 사실이냐 아니냐의 문제가 아니라 그런 가능성을 믿을 것인가 믿지 않을 것인가의 방향이 오히려 맞을 것 같다. 그리고 그 믿음의 문제는 아주 개인적인 부분일 뿐이다. 그래서 믿는 것이 옳고 믿지 않는 것이 옳지 않다는 식의 해석도 의미가 없다.

정화와 소통을 하기 전의 오래전 나는 신도 믿지 않았고 전생도 믿지 않았다. 아주 현실적이며 세속적인 사람이었는데 앞서도 언급했듯이 인생 뜻대로 되는 일 있던가.

인생의 가장 힘든 시기를 보내며 호오포노포노를 접하게 되었고 그렇게 정화와 소통을 시작하며 정말 우연히 최면이라는 도구를 접하게 되었고, 그 과정에서 운 좋게도 문동규 원장님을 만나 울트라 뎁스®와 제드 상태를 경험하게 되었다. 그리고 그러한 경험들은 나의 인생에 엄청난 반향을 일으켜 전혀 의도하지 않았던 방향의 새로운 길을 만들어 주었고… 나는 그렇게 만들어진 내 길을 하루하루 묵묵히 걸어가고 있다.

그러다 보니 어느새 나는 전생, 신, 영혼, 윤회를 받아들이고 있는 사람이 되어있었고 자연스럽게 ISIP(ICS 영적 통찰 프로세스™) 마스터 트레이너가 되었으며 지금 이 책 또한 집필하게 되었다.

이 책《ISIP 시간의 프리즘》은 나와 같이 그 개념들을 믿고 있는 사람들을 위한 가이드로, 또는 확고한 믿음은 없을지라도 열린 마음으로 그저 가볍게 재미있는 관련 에피소드들을 공유하고자 하는 사람들을 위해 만들어졌다.

그리고 최면이라는 도구를 사용하면서 우리는 또 다른 논쟁을 짚어

봐야 한다. 그것은 전생이나 영혼, 윤회를 믿는다고 하더라도 최면으로 경험하는 체험이 실제로 사실일까 하는 부분이다. 결론부터 말하자면 그것은 실제 사실이 아닐 가능성이 꽤 크다.

왜냐하면 일반적으로 진행되는 최면 상태의 경우 의식적인 개입이 얼마든지 가능한 상태에서 진행된다. 그러니 당연히 의식적인 차원에서 정보를 작화하거나 실제 정보를 왜곡시킬 가능성은 농후하다. 그렇다면 이런 작업이 허구일 수 있으니 아무런 의미가 없는 것이 아니냐고 생각할 것이다. 하지만 결코 그렇지 않다.

우리가 유년 시절의 상처나 트라우마를 다루는 역행 테라피와 같은 최면 작업을 진행할 때, 현재 기억에서 망각 된 영역의 어린 유년 시절의 기억을 올려서 작업을 진행하게 된다. 그런데 이때 상담사도 내담자도 그 유년 시절의 상황이 실제로 있었나 없었나에 대한 사실 여부는 중요하게 따지지 않는다. 그 상황이 실제로 있었다 하더라도 얼마나 디테일한 부분까지 실제로 일치하는지에 대한 여부 또한 따지지 않는다. 아니 더 정확하게 말하면 사실 따질 수도 없다. 왜냐하면 그 당시 상황을 검증할 만한 객관적인 자료가 대부분 없기 때문이다.

제3자, 가령 부모 등의 존재가 그 상황을 기억하고 있어서 대조해 볼 수 있다 하더라도 그 부모가 기억하는 것 또한 어디까지나 그들의 기억일 뿐이지 실제로 그것을 보여주는 절대적인 객관적 자료는 아니기 때문이다. 엄마, 아빠 두 사람의 공유된 상황이라고 하더라도 실제로 대조해 보면 상당히 많은 부분에서 그들은 각자 다른 주관적 형태의 기억을 꺼내놓을 것이다.

우리의 기억은 생각보다 훨씬 불안정하다. 그것을 체험할 당시의 감정 상태, 신념 등이 그것을 둘러싸고 왜곡시켜서 객관적이지 못한 아주 주관적인 기억을 입력시키게 되는데 다시 말해 그 체험이 우리의 뇌 속의 기억체계로 입력되는 순간 순수한 객관적 상황성을 잃어버리게 되고 거기에다 수년 또는 수십 년이 흐른 후 그것을 다시 끄집어내서 회상할 때 현 상태의 상황이나 감정, 신념 등이 둘러싸여서 그것을 한 번 더 왜곡시키게 된다. 그러니 그 기억이란 것이 이렇게 두 번 세 번 왜곡되는 과정 속에서 어떻게 실제를 논할 수 있겠는가.

그래서 최면 작업에서 우리는 사실 여부를 따지는 것이 아니라 그 내담자의 내적 표상 속에 내재된 상태의 기억을 끄집어내서 그것에 묻어있는 감정적 신념적 에너지를 정화하고 해방시킴으로써 현실적인 문제를 해결하는 데 도움을 준다.

그런데 한편으로 참 흥미로운 것은 그럼에도 불구하고 종종 최면으로 나온 어린 시절의 기억들이 현실 속에서 확인했을 때 완벽한 정도의 순수성은 아니겠지만 일치되는 상황이 꽤 있더라는 것이다.

나 또한 딸을 최면하면서 임신 당시 있었던 남편과의 에피소드(당시 나만 알고 있었던) 그리고 신생아일 때 양육과정에서 내가 딸에게 했던 실수(이것 또한 아무에게도 말한 적 없는 부분이었고 결코 딸이 그것을 기억할 수 있다고 믿지 않았다)를 딸이 최면 상태에서 그 상황을 너무나 상세하게 이야기해서 소스라치게 놀랐던 일이 몇 번이나 있었다.

이렇게 뱃속 태아 또는 아주 어린 아기 시절의 일들을 최면으로 떠올린 후, 집으로 돌아가서 확인했을 때 실제로 있었던 일이었음을 확인하는 사례는 내담자들에게 종종 일어나는 일이다.

전생 또한 이와 같은 맥락에서 보면 된다.
이완이 깊어지게 되면 유년 시절, 태아 상태의 기억을 넘어 더 깊은 정보들과 기억들도 얼마든지 건드려질 수 있는데 이는 울트라 뎁스®나 제드 상태의 여러 사례들에서 이미 확인할 수 있는 부분이기도 하다.
물론 이와는 완전히 반대의 경우도 있을 수 있다. 유도자가 부적절하게 의도적인 유도암시를 통해 떠올리는 경험에 영향을 끼치거나 무의식의 자극을 통해 경험을 작화시키는 경우도 있을 수 있고, 내담자의 깊은 특정한 신념이나 기저 욕구가 반영되어 표현되는 가능성도 무시할 수 없다.

ISIP(ICS 영적 통찰 프로세스™) 과정 중 사전면담에서 중요하게 다루는 항목 중 이런 부분이 있다.

내담자에게 전생, 영혼 통찰 관련 내용들의 중립성을 상담사가 잘 설명한다.

이는 내담자가 체험한 전생이 100% 사실이라고 단정 지을 수 없고 반대로 아예 허구라고도 단정 지을 수 없음에 대해서 상담사가 내담자에게 잘 이해시키는 부분에 대한 내용이다.

내담자의 이완 상태에 따라 얼마든지 왜곡이 일어날 수도 있고 또 반대로 이완이 깊을수록 실제적인 정보가 상당히 반영될 수도 있음에 대해서 올바로 이해하고, 실제적으로 이 여부를 현실에서 정확히 검증할 수 있는 기준이 없기 때문에 어느 한쪽으로 현혹되거나 치우침 없이 가능성에 문을 열어놓는 정도의 열린 마음을 유지하고 이것을 받아들이게끔 상담사가 내담자에게 잘 이야기해야 한다.

하지만 그럼에도 유년 시절 기억을 다루는 최면 작업이 사실 여부에 상관없이 현실에 도움을 주듯 전생 작업 또한 충분히 그럴 수 있다.

왜냐하면 그것의 허구나 왜곡에 상관없이 분명한 것은 내담자의 현재 내적 표상을 반영하고 있기 때문이다. 이것이 만약 허구라 하더라도 내담자의 내면에서 현재 가장 활성화되어 있는 파트(part: 분아)로부터 발현된 것이며 우리는 그것에 묻어있는 고착된 신념과 패턴을 발견하고 인식하면서 유년 기억 최면 작업과 유사한 효과를 ISIP로 이끌어 낼 수 있다.

물론 현실적인 문제를 가장 빠르게 다루고자 한다면 말할 것도 없이 현생에 기반한 종합 세션(ICS-최면 역행 테라피와 파츠 테라피가 종합적으로 적용되는 세션)을 행하는 것이다. 하지만 하나의 문제 해결을 떠나서, 내면의 인식과 통찰로써 전반적인 인생의 목적과 방향을 잡고 내적 시야를 확장하고 싶다면 ISIP를 활용하는 것이 오히려 더 도움이 될 수 있다.

나는 실제로 울트라 뎁스®와 제드 상태를 경험했고 그 후로 놀라운 체험들과 함께 여러 방면에서 현실적인 기준에 꽤 신빙성이 있는 근거들을 확인했지만 나 또한 이것들을 두고 확신하지는 않는다. 나는 결코 내 전생에 대해서 모든 진실을 아는 것이 아닐 것이며 영혼이나 윤회 그리고 특히 신이라는 영역에 대해서 다 안다고 말할 수도 없다.

하지만 그럼에도 내가 믿고 싶은 것은 내 체험이, 미지의 영역의 모든 부분은 아닐 테지만 그것의 근처와 경계를 제법 가까이 왔다 갔다 했을지도 모른다는 것이다.

그리고 나에게 이 체험들이 중요한 의미는 신비스러움 자체가 아니라 그 체험들로부터 비롯된 현실적인 변화이다. 나를 이해하는 깊이와 통찰이 예전보다 훨씬 유연하고 넓어졌으며 이 이해는 나의 인생을 진심으로 받아들이고 나의 무의식 밑바닥에 깔려있었던 치부들과 상처들을 들춰내고 진짜 나의 모든 것에 차별 없이 공감할 수 있는 계기가 되었다는 것이다.

마찬가지로 ISIP(ICS 영적 통찰 프로세스™)를 통해 내담자는 금단의 정보를 끄집어내는 신비 체험을 목적으로 하는 것이 아니다. 이 과정을 통해 내 안의 다른 관점, 완전히 다른 각도에서 현실을 바라보는 안목을 키움으로써 지금의 현실을 재해석하고 통찰하는 것에 있다.

실제로 많은 내담자가 ISIP 과정이나 전생을 경험하면서 현실을 바라보는 시각이 완전히 달라지고 내가 어떤 인생의 패턴 속에 갇혀있었는지를 정확하게 인식하게 되면서 이유를 알 수 없었던 나의 모습에 대한 답을 스스로 찾기도 한다. 그리고 이러한 관점의 통찰을 이해하고 받아들이면서 진짜 나를 알아가는 것은 물론 의식적인 확장 또한 체험하게 된다.

ISIP 과정에서 가장 중요한 것은 현실적인 관점이다. 전생을 알고자 하는 것, 영혼의 차원, 미래생까지 여행하며 나의 광범위한 시간들을 펼쳐놓는 이유가 결국 이 방대한 여행 끝에 우리가 정말 제대로 이해하고 허용해야 하는 '지금'이라는 시간을 제대로 누리기 위한 작업임을 상담사도 내담자도 충분히 이해하고 있어야 한다.

전생이나 신비 체험 자체에 과도한 의미를 두고 몰입할 필요는 없다. 그것들은 어디까지나 현실을 자각하고 현실을 제대로 직시하기 위한 자료로 활용될 때 진정한 가치를 지니게 된다. 현실 체험의 인과를 인식할 수 있을 때 우리는 그 체험을 저항 없이 허용하게 된다.

그럴 때 추상적이고 허황된 영적 작업이 아닌 이 작업으로 인해 현실을 살아가는 의식으로서 더욱 진화하게 되고 현실의 체험이 더욱 충만하게 되며, 더 이상 이 작업들은 뜬구름같은 스피리추얼 작업을 넘어서 '현존'을 위한 깊이 있는 탐구의 과정이 된다.

그리고 ISIP 작업을 진행하면서 나는 내담자들에게 다음과 같은 질문을 자주 한다.

"당신의 영혼이 이 작업을 통해

당신에게 말하고자 하는 메시지가 무엇일까요?"

사실 이 질문의 답이 그들을 ISIP 작업으로 이끈 진짜 목적이기도 하다. 그럴 때 내담자는 내가 놀라울 정도로 스스로에게 완벽한 통찰을 이야기한다.

앞으로 소개할 사례들은 ISIP 과정 중에서도 전생에 대한 부분들 위주로 표현한 것들이며 전생 작업 중에서도 내담자들이 스스로 자발적인 전생 역행을 했던 사례만 모은 것이다.

작업을 표현하는 과정에서 세세한 ISIP의 기법들을 보여주는 부분이나 멘트들은 생략했고 스토리를 통해 내담자가 스스로 이끌어 낸 통찰의 메시지들 위주로 표현했다.

현재도 ISIP 전문가 과정을 수료하고 전문 인증 과정을 거친 ISIP 퍼실리테이들이 계속해서 배출되고 있다. ISIP 퍼실리테이터들은 세

계적으로도 독보적인 실력을 가진 영적 통찰 프로세스 상담사들이라 자부한다.

　이것은 나의 자만이 앞서서 하는 말이 결코 아니다. ISIP 퍼실리테이터들은 영적 통찰에 관련된 체계적인 개념, 디테일한 테크닉의 실력뿐 아니라 동시에 '한국 현대최면 마스터스쿨'에서 심도 깊은 최면 전문가 과정들을 수료한 최면 전문가들이기도 하다.

　영적 통찰을 주제로 상담을 진행한다고 해서 전생과 영혼 통찰만을 다룰 수 있는 것이 아니라 최면에 대한 깊이 있는 이해와 ICS 역행 테라피, 파츠 테라피 등의 종합적인 실력을 충분히 닦아온 상태에서 또 하나의 ISIP 라는 도구를 사용할 수 있는 전문가로 업그레이드된 이들이다.

　그래서 내담자를 깊은 이완으로 유도하는 데 있어 충분한 기술을 구사할 수 있고 동시에 검증할 수 있으며 내담자가 표현하는 스토리의 사실 여부에 상관없이 설사 내담자의 파트의 구현이라고 하더라도 이를 적절하게 처리할 수 있는 능력들을 갖추고 있다. 그리고 ISIP 작업을 하는 중에 발생할 수 있는 내담자들의 해제반응(abreaction)이나 생각지도 못한 새로운 현생의 트라우마가 드러나는 변수가 발생하더라도 최면 분석이나 파트 작업을 통해 즉각적으로 알맞은 방식으로 처리할 수 있는 전문가들이다.

　이렇게 체계적이고 깊이 있는 최면 기술과 접근법들을 종합적으로 장착하고 스피리추얼 워크를 진행하는 최면상담사는 세계적으로도 흔하지 않다. 물론 이는 ISIP의 본질과 세부사항을 충분히 이해하고 소화했으며 인증 후에도 꾸준히 재수강 등을 통한 반복 학습을 통해 성실하게 실력을 유지해 나가는 퍼실리테이터들에 한해서 말이다.

향후 외부에서 ISIP 퍼실리테이터임을 표방하지만 ISIP에 대한 왜곡된 개념을 말하고 주먹구구식의 작업을 구사하는 경우에 대해서는 ICS 인터내셔널 협회 차원에서 엄중하게 대처하고 관리해 나갈 예정이다. 이는 ISIP만이 옳다는 독단적인 처사가 아니라, ISIP라는 본연의 체계와 중심을 오랫동안 잘 이어나가야 할 명분을 지니고 있는 ISIP의 창안자이자 마스터 트레이너로서 나의 책임이기도 하다.

앞으로도 더욱 엄격한 검증을 통해 전문적인 ISIP 퍼실리테이터들이 꾸준히 배출될 예정이며 그 과정에서 함께 사례들을 공유하며 이 시스템의 내용 또한 꾸준히 업그레이드될 것이다.

이는 나의 인생 전반에 걸쳐 지속될 것이며, 아마도 이 과정을 나보다 더 훌륭하게 소화하고 가르칠 수 있는 ISIP 트레이너들도 배출될 것이다. 또한 과거 최면의 흐름이 미국이나 유럽권에서 개념과 기술, 체계를 수입해와야 하는 입장이었다면 이제 스피리추얼 최면이 역으로 한국에서 세계로 흘러나가는 방향을 타게 될지도 모른다는 즐거운 희망을 가져본다. 그 희망은 나 혼자 이끌어 가는 ISIP가 아니라 많은 ISIP 퍼실리테이터들이 함께하기에 꿈꿔볼 수 있는 희망이기도 하다.

그리고 이러한 비전은 단순한 바람이 아닌, 이미 현실이 되어가고 있다. 현재 활동하고 있는 ISIP 퍼실리테이터들의 생생한 경험담을 통해 이 과정이 가져오는 변화와 깊이를 직접 들어보자. 다음은 현장에서 활동하고 있는 퍼실리테이터들의 목소리다.

퍼실리테이터 인증을 위해 내담자와 함께 작업을 진행하면서 공통점을 발견했다. 모두 하나같이 영혼의 성장을 위해 노력한다는 것이다. 각자 치열하게 자기만의 삶 속에서 자신을 사랑하고 다른 사람을 도우려는 모습을 보고 나쁜 목적을 가진 영혼은 없다는 것을 알았다.

내담자들과 함께 경험을 공유할 때마다 내 영혼의 목적은 무엇인지, 나는 얼마나 성장했는지 돌아보게 된다. 내담자들의 통찰은 모두 내 안에 있던 고민에 대한 답이었고, 인생의 진리이기도 하다.

이번 생에서 'ICS 영적 통찰 프로세스™'라는 신비로운 과정을 만나게 된 것은 나에게 어떤 의미일까? 내담자와 함께 서로 도우며 성장하라는 내 영혼의 선물이 아닐까 생각한다.

처음 최면을 배울 때는 너무 어려워서 ISIP 퍼실리테이터까지 할 수 있을까 걱정이 많았는데요. 이렇게 과정을 수료하고 자격 인증까지 받고 보니 너무 기쁘고 감사합니다.

그동안 잘 살아보기 위해서 나름 많은 분야의 공부를 해왔어요. 그런데 ISIP 퍼실리테이터는 제가 살면서 했던 공부들 중에서 가장 멋지고 소중한 과정이었던 것 같아요.

배울 때도 너무 좋았지만 사례 제출을 위해 세션을 진행하면서, 영혼의 숙제를 해결하기 위한 이토록 체계적으로 잘 정리되어 만들어진 과정이 존재하고 있다는 것에 감탄하지 않을 수 없었어요. ISIP가 없었더라면 여러 변수들의 상황에 어떻게 대처했을까… 생각만 해도 아찔했답니다. 이렇게 멋진 과정 만들어 주셔서 다시 한번 감사합니다!

4주간의 ISIP 수업 잘 들었습니다. 사실 전생에 관심이 많아서 한때 국내에 있는 전생 최면 자료를 열심히 찾아봤던 적이 있었습니다. 그런데 단순한 흥미 위주로 전생을 대하는 자료밖에 없더라고요. 그래서 그때부터는 바깥으로 눈을 돌려서 해외의 전생 최면 도서나 영상, 혹은 전생 최면 강의의 커리큘럼을 찾아봤습니다. 해외의 자료들은 확실히 국내보다는 나았지만, 그럼에도 제가 느끼기에는 빈약한 부분이 많았어요.

그런데 그 부분들을 ISIP 수업에서 확실히 채울 수 있었던 것 같아요. 구체적인 테크닉들도 놀라웠지만 저는 개인적으로 과거와 현재와 미래를 아우르는 긴 윤회에서 우리 영혼들은 왜 심층에 고착돼서 같은 패턴을 반복하는지, 그리고 어떻게 해야 그것을 내려놓을 수 있는지를 알 수 있어서 더 뜻깊었습니다. 선생님 감사합니다!

유년부터 전생까지,
영혼의 기억들의 정화

※ 이 책에 실린 모든 사례는 개인정보 보호를 위한 구체적인 인적사항을 제외하고 실제 세션 내용을 담고 있습니다.

이 사례의 내담자는 'ICS 정화와 소통' 프로그램 초창기에 참석해 오랜 기간 꾸준히 함께해 온 정화와 소통의 동반자 같은 존재다. 우리의 인연이 수년을 훌쩍 지나갈 무렵 어느 날 나에게 최면상담을 의뢰했다. 그렇게 진행된 첫 상담에서 나는 그녀에게 물었다.

영현: 이 상담으로 선생님이 원하는 것이 뭔가요?

내담자: 저는 제 인생의 나아갈 방향을 알고 싶어요.

보통 나의 최면상담은 대부분 과거 유년 시절의 기억 정화를 중심으로 진행되고 이와 함께 자연스럽게 영적 통찰 및 내적 소통의 교감이 이어지도록 하는 방식으로 흘러간다. 이 상담의 첫 회에서 또한 주로 현생의 유년 시절에 있었던 이슈들 위주로 다루었다.

깊은 이완으로 내면의 길을 만들고 그렇게 그녀가 다다른 마음의 방은 창문, 가구 하나 없는 삭막한 방이었다. 하지만 그녀는 이 방에 혼자 있을 수 있어서 편하다고 말했다.

마음의 방은 내담자의 무의식 속 심리 상태를 그대로 반영해 준다. 만약 안정적인 마음의 방을 스스로 그려내고 그곳에서 편안함을 느끼고 있다면 내담자는 실제로 평화로운 상태가 맞을 것이다. 하지만 마음의 방이 불안정한 모습으로 만들어졌는데 그 상태에서 편안함을 말한다면 반드시 그 편안함 뒤에는 숨겨진 불편한 감정이나 신념이 존재하고 있다.

그래서 나는 내담자가 편안하고 기분이 좋다고 하는 외적인 표현보다 마음의 방이 표현하는 상태를 더 중요하게 본다. 마음의 방은 그들이 겉으로 인식하는 그 이상의 깊은 심층적인 상태를 그대로 반영해 주고 있으며 동시에 그들의 잠재의식이 은밀하게 나에게 진실을 이야기해 주고 있는 것이기 때문이다.

그녀의 마음의 방 역시 안정적으로 보이진 않았다. 창문이 없다는 것은 외부와의 단절을 보여주는 것인데 이는 외부를 보는 것 자체가 편하지 않음을 뜻한다. 그리고 자신을 위해 유용하게 쓰여질 가구가 하나도 없다는 것 또한 나의 편안함을 위한 긍정적인 노력을 하고 싶지 않음, 즉 삶의 피로감 무기력 등을 뜻한다. 이 상태에서 그녀는 편안하다고 말했으나 나는 그녀의 표현을 믿을 수 없었다. 이런 경우엔 상담자로서 나는 더 집요해질 수밖에 없다.

그녀는 편안하다고 말하지만 그녀의 영혼은 마음의 방을 통해 나에게 '의식은 진짜 자신의 문제를 보려고 하지 않아요. 이 사람은 결코 편하지 않습니다. 도와주세요'라고 말하는 듯했다.

영현: 선생님, 좀 더 깊이 마음을 느껴보세요. 마음 깊은 곳에서 혹시 또 다른 감정이나 생각이 느껴진다면 말씀해 주세요.

내담자: 혼자라서 정말 편합니다.

영현: 혼자라서 편하다고요. 그렇다면 만약 이 방에 누군가가 들어온다면 어떨 것 같나요? 아니면 이 방에서 나가게 된다면 어떨 것 같나요?

내담자: 음… 누가 들어오는 건 싫어요. 피곤해요. 그렇다고 이곳에서 오래 쉴 수도 없어요. 금방 나가야 해요. 음… 갑자기 뭔가 잘해야 하는데 그럴 수 없을 것 같은 미안함이 느껴져요.

역시나 편하다고 말하는 그녀의 감정 뒤편에는 이 짧은 휴식 뒤에 다시 바깥으로 나가 뭔가 해야 한다는 압박감과 죄책감이 존재하고 있었다.

나는 '뭔가 잘해야 하는데 그럴 수 없을 것 같은 미안함'이라는 감정의 원인을 찾아 작업을 유도했고 그녀는 곧 그것이 현재 자신의 아이들에 대한 엄마로서의 책임감이라는 것을 인식하게 되었다.

그것에는 아이들을 잘 케어해서 안전하게 키워내야 한다는 강한 책임감과 그리고 자신이 어쩌면 잘하고 있지 않을지도 모른다는 미안함이 뒤섞여 있었다.

하지만 이 감정은 곧 자신이 오해하고 있었음을 어렵지 않게 자각할 수 있었다. 왜냐하면 내면에서 만난 자신의 아이들의 반응을 통해서였다. 늘 약하고 어리게만 보였던 아이들의 입장에 서서 그 내면을 직접 느꼈을 때, 그녀는 어렵지 않게 실은 아이들이 얼마나 자신에게 만족하고 있는지를 알 수 있었다. 그리고 아이들이 진정으로 바라는 것은 그저 엄마가 좀 더 편안하고 행복했으면 좋겠다는 것이라는 것도 말이다.

아이를 키워야 하는 엄마에게는 공통적인 불안함이 있고 그 불안함이 또다시 과도한 부담감과 책임감으로 이어지게 되고 그것은 곧 아이에게 생각지도 못한 억압과 통제로 압박하게 되며 엄마 본인에게는 고스란히 피로감으로 돌아오는 악순환이 반복된다.

애초에 엄마가 아이를 향해 가지기 시작하는 그 불안함은 '내 아이는 불안정한 존재야. 내 아이는 불완전해. 내 아이는 약해서 쉽게 상처받고 무너질 거야. 내 아이의 인생이 힘들어질지도 몰라'와 같은 신념으로부터 출발한다.

하지만 모든 아이는 그 자체로 완벽하다. 모든 인생은 그 자체로 완벽한 작품이다. 작기만 한 아이의 내면에도 실은 아주 거대한 잠재의식(영혼)의 존재가 함께하고 있으며, 길고 긴 윤회에서 얻은 깊은 지혜가 함께하고 있으며, 이생을 시작할 때 다짐한 영혼의 의도와 신성한 목적이 있을 것이다.

그리고 생각보다 아이들은 강하다. 실제로 수많은 내담자들의 유년 시절을 봐오면서 확인할 수 있었다. 자라면서 크고 작은 저마다의 상처, 트라우마, 사건들에 노출되지만 그 어린아이들은 자신만의 방식으로 그것을 치유하고 안고 버텨낸다. 그리고 오히려 그 어린아이들은 참 아이러니하게도 부모의 안정과 행복, 가정의 평화를 지키기 위해 최선을 다해 고군분투한다.

우리는 내 아이의 인생을 창조하고 설계하고 만들어 나가는 사람이 결코 아니다. 또한 우리는 아이의 앞에서 강제로 손을 잡고 내가 원하는 방향으로 이끌어 가는 사람이 되어서도 안 된다.

이 아이의 영혼이 의도한 흐름을 방해하지 않고 옆에서 위로와 힘과 안정을 위한 협력자가 되어야 한다. 내 것, 내 아이가 아닌 영혼의 친구가 되어야 한다.

약하고 불완전해 보이는 아이의 겉모습이 아닌 고요한 시선으로써 그 아이의 내면의 큰 존재를 볼 줄 알아야 한다. 모든 이의 내면 깊은 곳에 신의 신성한 의도가 담겨있듯 저 작은 아이의 내면에도 모든 것을 초월할 신성한 지혜가 있음을 확신하고 볼 줄 알아야 한다.

그럴 때 아이의 인생은 유전으로, 카르마로 뒤엉키는 일 없이 가장 자유롭게 영혼의 의도 그 목적대로 유유히 잘 흘러갈 것이다.

내 아이는 나로부터 시작된 존재도 아니고 나로부터 창조된 존재도 아니다. 그 아이는 그저 긴 여정 중에 나를 통해 이생으로 들어왔을 뿐이고 나와의 체험을 거쳐갈 뿐이다.

내담자 역시 작업을 통해 아이의 내면을 직접 느끼면서 비로소 자신의 오해와 선입견으로부터 벗어날 수 있었다. 그리고 훨씬 가벼워진 마음으로 그는 다시 마음의 방을 떠올렸다.

그렇게 느낀 마음의 방은 좀 더 편안하고 따뜻한 모습으로 변했으나 여전히 외부를 보고자 하는 창문은 생기지 않았고 대신 언제든 좀 더 편하게 외부로 드나들 수 있는 문이 만들어져 있었다.

마음의 방에서 창문은 중요한 역할을 한다. 창문은 외부와의 소통에 대한 의지를 볼 수 있는데 극심한 피로감이나 불안함 또는 분노 같은 외부에 대한 거부감이 있을 시, 내담자들은 마음의 방에서 무의식적으로 창문을 만들지 않는다.

당연히 그들은 그들 스스로 떠올리는 마음의 방의 상태의 의미를 전혀 알지 못하고 느끼게 되는데, 신기한 것은 나중에 이 부분에 대한 해석을 내가 충분히 해준 뒤에도 이후의 상담에서 마음의 방을 떠올리는 데 있어 암시로 영향을 전혀 받지 않더라는 것이다. 이는 의식의 개입이 줄어들 만큼의 충분한 이완이 이루어졌기 때문에 가능하다.

예를 들어, 나는 자신이 앉고자 하는 의자를 자존감으로 해석하는데 이를 충분히 알고 있는 상태에서 마음의 방에서 의자를 떠올리라고 했을 때, 좋은 의자를 떠올리고 싶어 하는 내담자의 의지와는 다르게 정작 좋은 의자를 스스로 만들어 내지 못하는 경우가 종종 있다. 실제로 한 내담자가 마음의 방 작업을 한 후 웃으며 이렇게 말한 적이 있었다.

내담자: 지난 시간에 선생님께서 의자에 대한 의미를 이야기해 주셔서 이번 마음의 방에서는 좀 더 좋은 의자를 만들고 싶었거든요. 그런데 희한하게 좋은 의자가 절대 만들어지지 않는 거예요. (웃음) 아주 자연스럽게 작고 불편한 낡은 스툴이 떡하니 나오더라고요. 너무 신기했어요.

다시 돌아가서, 어쨌든 이 내담자는 아이들에 대한 미안함을 해결한 후에도 여전히 창문이 만들어지지는 않았다. 다만 문이 만들어졌는데, 이는 외부에서 해야 하는 내 행동에 대한 조금의 허용이 만들어졌을 뿐이지 여전히 외부에 대한 피로감이나 거부감이 있다는 뜻이기도 했다.

이 마음의 방에서 기분이 어떠냐고 물었을 때, 그녀는 왠지 쫓기는 기분이 들고 상황이 내 뜻대로 될 것 같지 않아서 이곳에 숨어있는 느낌이 든다고 했다. 이는 감당할 수 없을 것 같은 일에 대한 회피를 뜻하기도 한다.

이 감정을 따라 연령 역행을 진행했고, 뜻대로 공부가 되지 않아서 무기력하며 이 상황에서 벗어나고 싶어 하는 고등학생을 거쳐 집 옥상에 혼자 있는 초등학교 2학년이 나왔다. 이 아이는 부모의 시끄러운 부부싸움으로부터 옥상에 피신해 있었다. 그곳에서 아이는 집에서 나왔지만 여전히 답답한 마음을 호소했다.

그리고 다시 시간을 거슬러 2살로 갔다. 엄마와 함께 있는 아이는 어제 아빠랑 싸우고 엄마 마음이 속상할 것이라며 답답해했고 그럼에도 자신이 해결할 수 없는 이 상황에 무기력함을 느꼈다. 그리고 속상한 엄마가 혹시나 자신을 버리고 갈지도 모른다는 생각에 동시에 두려워하기도 했다. 결국 이 내담자의 회피 성향은 자신이 해결하지 못할 것이라는 두려움과 무기력함에서 비롯된 것이었다.

엄마가 아무리 속상해도 자신을 버리지 않을 것이라는 안정감, 그리고 부모님의 일은 애초에 아이가 해결할 필요 자체가 없는 그들의 일이라는 통찰을 한 후 우리는 이제 시간을 진행해서 다시 미래로 올라갔다.

그곳에서 우리는 옥상에 있는 초등학교 2학년을 다시 만날 수 있었는데 그 아이는 더 이상 회피를 위한 장소로 옥상에 있는 것이 아니었다. 똑같은 장소였지만 마음 편하게 아름다운 밤하늘을 즐기고 있었다.

아마도 그녀는 평생 외부에서 느껴지는 피로감으로부터 벗어나기 위해 애타게 혼자 있을 공간을 찾았을 테지만 막상 그 어떤 공간에서도, 혼자 있는 순간들에서도 그는 제대로 된 휴식을 취하지 못했을 것이다.

부모의 싸움으로부터 옥상으로 도망쳤지만 부모의 문제를 자신이 안고 해결해야 한다는 불가능한 책임감에 시달리는 한, 결코 그 아이가 옥상에서 마음이 편하지 못했던 것처럼 말이다.

한결 편하고 가벼워진 상태로 다시 마음의 방으로 돌아왔고 비로소 삭막했던 그 방에는 온기가 도는 가구들이 갖춰져 있었다. 이곳에서 선생님은 이제 뭐든 할 수 있을 것 같은 안정감과 자신감이 느껴진다고 했다.

다음 상담이 진행되었고 그 마음의 방에는 자연스럽게 창문이 만들어져 있었다. 이제 외부를 보고자 하는 의욕, 그리고 허용하려는 힘이 생겼다는 것을 뜻한다.

다만 창문은 있으나 어두운 밤이라 바깥 풍경은 전혀 보이지 않았고 방안도 쓸쓸한 한기가 맴돈다고 했다. 그리고 이런 분위기에서 불안함도 느껴진다고 표현했다.

오늘 그녀의 잠재의식이 올려준 주제는 그렇게 '불안함'이라는 감정이었다. 이 감정을 따라 역행을 진행했고 갓 태어난 아기 때로 갔다. 아무도 없는 방에 주변 인기척 없이 혼자 눕혀져 있던 아기는 뭔가 불안한 마음을 느꼈다. 그것은 '이대로 아무도 자신을 돌봐주지 않으면 어쩌지?' 하는 것이었다. 그리고 다시 그 불안함을 타고 역행을 진행했는데 내담자는 그가 처해있는 상황을 쉽게 표현하지 못했다. 아니 그 또한 어떤 상태인지 인식할 수 없는 듯했다.

내담자: 모르겠어요. 뭔가 둘러싸여 있는 것 같기도 하고….

영현: 둘러싸여 있다고요? 천 같은 거로 싸여있나요?

내담자: 아니요. 그런 건 아닌 것 같은데… 음… 이상해요.

영현: 혹시 주변에 엄마를 찾아볼까요? 엄마가 어떻게 느껴지나요?

내담자: 분명히 엄마가 있긴 한데… 옆… 아니 옆은 아닌 것 같고….

결국 여러 번의 질문 끝에 내담자는 자신이 엄마의 뱃속, 태아 상태라는 것을 어렵게 인식하기 시작했다. 태아 상태에서 그녀는 불안함을 느끼고 있었는데 그 감정의 원인을 가만히 느껴보니 그건 엄마의 심장박동이 빠른 것으로 연결되었다. 어떤 스트레스에 노출되어 긴장하고 흥분한 엄마의 심장박동이 빠르게 뛰자 뱃속의 태아 또한 고스란히 그 긴장감과 불안함을 자신의 감정처럼 느끼고 있었던 것이다.

연령 역행 과정에서 태아 상태는 종종 등장하게 되는데, 이곳에서 우리가 흔히 말로만 듣던 태교의 중요성이 적나라하게 나타나게 된다. 아이들은 엄마의 상태를 고스란히 느끼고 자기 것으로 소화하고 그것으로부터 자신의 기저 감정을 만들게 되고 첫 성향을 굳히게 된다. 결국 우리는 이렇게 엄마의 투사체로써 태어나게 되는 것과 같다.

고백하자면 나 또한 임신 당시 극심한 불안함을 느낄 일이 있었는데 결국 딸의 기저 감정도 불안함이라는 것을 크면서 쉽게 발견할 수 있었다. 그것은 참 당연한 결과였다.

하지만 최면상담을 통해 딸의 내면 깊은 곳에 있었던 태아의 기억 속으로 들어가 나와의 물질적인 탯줄을 분리하는 작업을 진행했고 그 후로 딸은 거짓말처럼 불안함이라는 기저 감정이 사라지고 전에 볼 수 없었던 자신감이 생기게 되었다.

내가 작은 일에 걱정이라도 하려 하면 오히려 지금은 딸이 나에게 와서 불안할 필요 없으니 마음 편하게 있으라고 말한다. 이것이 최면상담의 힘임을 다시 한번 실감하고 그렇게 뿌듯할 수가 없었다.

그녀의 태아 또한 엄마와의 분리 작업을 진행함으로써 연합되었던 감정의 오해를 풀어주고 주체적인 존재임을 자각시켜 주었다. 각성 후 그녀는 신기하다는 듯이 말했다.

내담자: 저도 최면 전문가 과정을 수료했기 때문에 종종 태아 상태가 표현된다는 건 알고 있었어요. 하지만 내담자가 짐작하고 태아 상태를 묘사할 거라고 믿어왔거든요. 그런데 정말 아니네요.

저는 태아 그 자체였어요. 제대로 이 상황이 파악되지 않고 그저 태아가 느끼는 그 감각적인 것들만 선명했거든요. 이렇게 적나라하게 태아가 될 줄은 몰랐네요. 정말 신비한 체험이었습니다.

몇 번의 상담을 진행하면서 그녀의 패턴을 하나 발견할 수 있었다. 모든 상황에서 그녀는 불편하다는 표현을 가장 먼저 그리고 가장 빈번하게 썼다. 불편하다는 표현을 놓고 내가 계속해서 캐물으면 그제서야 "불안해서 불편해요. 무기력해서 불편해요. 해결 못 할 것 같아서 불편해요" 등의 답이 나왔다.

사실 이는 그녀에게 아주 중요한 패턴이었다. 일상에서 인생에 대한 만성적인 피로감과 회의감이 늘 함께해 왔는데 결국 그 이유는 인생이라는 곳을 불편하다고 여기는 패턴이 한몫하고 있었다.

인생을 살다 보면 불안할 수 있고 우울할 수 있고 내 뜻대로 풀리지 않을 수 있고 때론 번거롭고 해결하기 복잡한 일이 생길 수도 있다. 하지만 이런 감정들이 하나씩 느껴질 때마다 "인생은 불편해"로 단정 지어버린다면 애초 작은 감정하나 때문에 내 인생 전체가 불편하다는 오해로 번지게 된다. 그러니 사는 것 자체가 피곤하고 지칠 수밖에 없다.

영현: 선생님, 불편함과 감정 상태를 묶지 말고 분리하세요. 불안함이 있는 거지 그렇다고 인생이 전부 다 불편한 것은 아닙니다. 우울함이 좀 있는 거지 불편한 것은 아니에요. 불편함이라는 표현은 이제 앞

으로 내 몸이 아파서 거동이 힘들 때만 써보는 겁니다.
그럴 때 각각의 감정들 때문에 인생 전체가 불편하다고 왜곡되는 일은 없을 겁니다.

내담자: 네, 무슨 말씀이신지 딱 알겠어요. 저의 패턴이 선명하게 보이네요. 잘 이해했고 이제 잘할 수 있을 것 같습니다!

실제로 다음 상담에서 만난 그녀는 우리가 했던 작업들의 통찰을 현실에서 잘 소화하고 실천하고 있었다. 아이들과 함께하고 있는 공간이 피곤하거나 짜증스러운 것이 아니라 너무 감사하고 즐거운 공간이 되어있었다고 한다. 뿐만 아니라 직장에서 오해가 생겨 억울한 일이 생겼는데 분명 예전이라면 크게 스트레스를 받았을 만한 상황이었지만 이번엔 꽤 담담히 넘어가게 되더라고 말했다. 감정적 흔들림 없이 편안하게 행동이 나오고 그 과정에서 곧 오해가 풀리면서 일도 바로 해결되었다고 했다.

첫 최면 연령 역행에서 우리는 유년의 기억을 정화했고, 그다음 역행에서 태아의 분리 작업을 진행했다. 그리고 이제 세 번째 최면 작업을 하기 위해 마음의 방을 방문했을 때 묘사된 방의 모습에서 이번 작업에 큰 이슈가 나오리라는 것을 나는 짐작할 수 있었다.
마음의 방은 작은 감옥 같은 곳으로 가구나 의자도 없이 차가운 바닥에 낡은 담요를 깔고 쪼그리고 앉아있었다. 초라하고 추운 곳이지만 이상하게 안도감이 느껴진다고 했다. 이는 참 이상한 묘사였다.

영현: 이런 곳에서 왜 안도감이 들까요? 편해 보이는 장소는 아닌 듯한데요.

내담자: 음… 아무도 날 찾아오지 않을 것 같아서 안도감이 들어요. 마치 내가 무엇으로부터 도망쳐서 숨어있는 느낌이에요. 그게 뭔지는 잘 모르겠지만 왠지 그런 느낌이네요.

마음의 방에서 느끼고 있는 그 감정들을 따라 역행을 진행했고 지금까지 해왔던 작업처럼 유년 시절의 한 장면이 나올 것이라는 나의 기대를 넘어서 그녀는 어떠한 암시나 리딩(작위적 유도암시) 없이 스스로 전생으로 자발 역행했다.

내담자: 어두운 곳에 아기랑 남편이랑 같이 있어요. 아… 그런데 이 아기는 지금 남편의 아기는 아닙니다. 아이 아빠는 아니고 내가 사랑하는 지금의 남편입니다. 그리고 저는 20대예요. 내 아이는 아들이고요.
저는 동양인입니다. 그리고 우린 다 허름한 여름옷을 입고 있어요.

영현: 당신들이 있는 곳은 어떤 곳인가요?

내담자: 동굴 같은 터널 안에 피신해 있어요. 억울한 오해를 받고 우리는 지금 사람들로부터 쫓기는 중입니다. 숨어있기는 하지만 곧 들킬 수밖에 없다는 걸 잘 알고 있습니다. 이곳에서 더 이상 버틸 수 없고 이 동굴에서 나가는 순간 우리는 잡힐 거예요.

영현: 지금 당신의 심정은 어떤가요?

내담자: 참담하고 슬픕니다. 내가 사랑하는 이 남자가 죽을 것을 알거든요. 제가 이 사람을 따르면 저 또한 아이와 함께 죽게 될 거고, 내가 이 사람을 선택하지 않으면 나는 아이와 함께 살게 될 겁니다. 나는 지금 선택을 해야 합니다.

영현: 그렇다면 당신은 어떤 선택을 할 건가요?

내담자: 이미 선택은 정해져 있습니다. 나는 내 아들을 버릴 수가 없거든요. 마음은 이 사람을 따라가서 함께 죽고 싶지만… 정말 이 사람의 죽음에 함께 해주고 싶지만….

그녀는 깊은 슬픔을 참는 듯 흐느끼며 힘겹게 말을 이어나갔다.

내담자: 아들을… 내 아들을… 차마 버릴 수가 없습니다. 저는 엄마니까요. 그 사람도 망설임 없이 저보고 살라고 합니다. 살아서 아이

를 잘 키우라고요. 그게 제가 해야 하는 일이라고요.

그 심정이 어땠을지는 그녀의 눈물과 표정, 말투에서 고스란히 알 수 있었다. 사랑하는 사람과 나만 바라보고 있는 어린 아들을 두고 선택을 해야 하는 그 잔인한 순간, 감히 상상도 할 수 없는 깊은 슬픔과 참담한 고뇌가 그녀에게서 느껴졌다.

영현: 당신의 이름을 알 수 있을까요? 그가 당신을 뭐라고 부르나요?

내담자: 은혜입니다. 그 사람이 저를 은혜라고 불러요. 그리고 저는 그 사람을 정우 씨라고 부릅니다. 그 사람의 이름은 '정우'입니다.

은혜라는 여자의 인생의 시간을 천천히 진행하면서 우리는 마침내 은혜의 임종으로 갔다.

영현: 은혜 씨, 당신은 이제 임종을 앞두고 있습니다. 당신의 나이는 몇 살인가요?

내담자: 60대입니다. 저는 그동안 아들을 최선을 다해 잘 키웠고 꽤 잘 살아왔습니다.
전 곧 제가 죽을 거라는 것을 알고 있습니다. 그래서 기분이 아주 좋아요. 왜냐하면 그 사람을 이제야 만날 수 있게 되니까요. 살면서 단 한 번도 그를 잊은 적이 없었어요. 그래서 행복했습니다. 그에 대한 제 마음은 전혀 변하지 않았거든요. 우린 다음에 얼마든지 다시 만날 수 있으니까 슬프지 않았어요. 그 사람이 아이를 잘 키우라고 했고 난 그 사람의 말대로 열심히 아이를 키웠고 이제 내 마음속에 변함없는 그 사람을 만나기만 하면 됩니다.
우리를 갈라놓은 이들에게 더 이상 원망도 없습니다. 우리에게 중요한 건 그들이 아니라 변치 않는 우리 사랑이에요.

은혜에게 죽음은 어두운 끝이 아니었다. 비로소 사랑을 이루기 위한 진짜 시작을 맞이하는 것이며 평생을 그리워했던 이를 만날 수 있는 곳으로 가는 여정이었다.
그렇게 행복한 죽음을 맞이하게 되는데… 이 장면에서 나는 사실 정우라는 영혼이 죽음을 맞이하는 은혜를 마중 나와 있을지도 모른다는 기대를 내심 하고 있었다. 얼마나 애달픈 사연이며 얼마나 서로 사랑하는 사이였는가. 평소 의식적인 남녀 간의 사랑에 대해 회의적이고 냉담하게 보는 나였지만 그 둘의 안타까운 사연에 동화되었는지 나도 내심 마음으로 정우가 나타나기를 바라고 있었다. 그렇게 둘의 사랑이 비로소 아름다운 결실을 맺기를….

하지만 은혜의 설렘, 그리고 나의 기대와는 달리 그녀의 죽음 앞에 정우는 없었다. 약간의 조바심을 느끼며 나는 곧 그녀의 영혼을 영혼들의 세상으로 인도했다. 그곳에 정우의 영혼이 있을지도 모르기 때문이다. 하지만 영혼의 세상 어디에도 정우의 영혼은 찾을 수 없었다.

내담자: 정우 씨는 이미 물질 세상에 환생해서 간 것 같아요.

조금은 풀이 죽은 듯한 그녀의 영혼을 ISIP(ICS 영적 통찰 프로세스™) 기법의 '시간선'이라고 부르는 신비로운 장소로 유도했다. 이곳은 여러 생을 동시에 인식할 수 있는 시간을 초월한 공간이고 이곳에서 나는 그녀의 영혼에게 물었다.

영현: 앞으로 환생할 인생 속에 정우라는 존재의 영혼이 있나요?

내담자: 아니요. 그 인생 속에는 없네요.

영현: 그럼 그다음 인생에는 있나요?

내담자: 음… 아니요. 그다음 인생에도 없네요.

점점 그녀의 목소리는 힘없이 줄어들고 있었다.

영현: 정우가 물질 세상에 환생했다 하더라도 우린 그의 영혼을 지금 만날 수 있습니다. 자! 이제 당신이 찾는 그가 당신에게로 오게 됩니다. 우리의 부름으로 다른 공간에 있던 그의 에너지가 지금 이곳으로 당신 앞으로 와있게 됩니다. 그가 보이나요?

내담자: 네, 보여요. 세상에~ 그가 와있어요.

영현: 그럼 이제 당신은 힘을 빼고 한발 물러서세요. 이제 당신의 입을 통해 정우 씨의 이야기를 들어볼 겁니다. 정우 씨 나오세요.

내담자: 네, 정우입니다.

영현: 은혜 씨가 당신을 애타게 찾고 있다는 걸 당신도 알고 있었나요?

내담자(정우): 어… 아니요. 몰랐습니다. 찾을 필요도 없고요.

영현: 네?

내담자(정우): 저는 다 잊었습니다. 우리의 인연은 짧았지만 그것으로 끝난 겁니다. 저는 미련 없이 잊었고 지금은 또 다른 인생을 잘살고 있습니다.

영현: 은혜 씨에게 직접 말씀해 주시겠습니까?

내담자(정우): 날 찾을 필요 없어. 난 잘살고 있어. 그러니 당신도 그냥 당신 인생 살아.

이것은 도대체 무슨 상황인가. 말 그대로 눈앞에서 정우에게 영락없이 차이는 상황이 아닌가. 그렇게 애절한 사랑이 죽어서도 영혼이 되어서도 영원히 사랑할 것이라고 믿어 의심치 않았던 그 위대한 사랑이 한낱 오해와 착각으로 와장창 깨어지는 순간이었다.

그 순간 약간의 정적이 흘렀다. 은혜의 눈치가 보였다고나 할까. 백년 동안 영혼의 가슴에 새겨져 있던 사랑이 실은 당신의 착각이었다는 말을 어떻게 해야 할지 순간 고민을 했던 것 같다.

영현: 정우 씨의 말을 들었는데 당신은 지금 어떤가요?

내담자: 좀 당황스럽긴 하네요. 저 혼자 그렇게 새기고 살았다니…

하지만 한편으로는 홀가분하기도 합니다. 이 오해가 풀리지 않았다면 저는 또 수백 년을 이 집착으로 방황했을 거니까요. 지금은 짐을 덜어낸 듯 가볍고 편안합니다.

각성 후, 선생님과 나는 서로 눈이 마주치자마자 누가 먼저랄 것도 없이 웃음을 터트렸다.

영현: 선생님, 방금 정우 씨한테 차인 거예요. 하하하… 죄송해요. 웃으면 안 되는데….

내담자: 하하하… 맞아요. 저 차였어요. 그런데요. 웃긴 건요. 그 정우라는 남자가 정말 제 이상형이 아니란 거예요. 눈썹이 진하고 선이 굵은 게 제 스타일이 절대 아니더라고요. 그런데 저를 찼네요. 하하… 그런데 너무 신기해요. 사실 의식이 내가 원하는 대로 개입하려고 하면 얼마든지 할 수 있는 거잖아요. 그런데 이상하게도 의식적으로 개입이 안 되더라고요. 제 의지랑 전혀 상관없이 나왔어요. 그리고 은혜라는 인생에 있었을 때 정말 정말 한 치의 의심도 없이 그도 나를 기다리고 있을 거라고 믿고 있었어요. 저도 어찌나 어이가 없던지… 어찌 보면 좀 슬프네요.

살면서 이유 없는 슬픔이 종종 올라오곤 했는데 그 이유를 이제야 알게 된 것 같아요. 그래서 기분은 말할 수 없이 가벼워요. 뭔가 원인을 알 수 없었던 묵직한 짐이 한 번에 없어져 버린 느낌이에요.

그리고 정우와의 작업 후, 마음의 방은 바뀌어 있었다. 큰 창문에 푹신한 소파가 있었으며 따뜻한 온기와 함께 마음도 편안한 곳이라고 했다.

영혼의 짐, 영혼의 고민… 물질 세상에서 만들어진 지독한 집착과 믿음이 곧 영혼의 짐이 되고 영혼들은 그 짐을 내려놓기 위해 윤회를 반복하며 고군분투하고 있을 것이다.

물질 세상에서 현재의식이 깊은 오해와 착각 속에 빠지게 되면 그것은 영혼의 기억 속에 저장되어 수천 년을 가게 된다.

우리는 오늘 그 깊은 오해와 착각을 비로소 벗어던질 수 있었고 마침내 영혼의 깊은 고민 하나가 그렇게 풀려나갔다.

마지막 상담이 있는 날이었다.

마음의 방은 그간의 상담 결과를 말해주듯이 평화로웠다. 처음에는 창문 하나 없던 삭막했던 마음이 방에 지금은 커다란 통창이 시원하게 나있었고 그 밖으로는 아름답고 평화로운 해변이 펼쳐져 있었다. 외부 사람들을 피해 늘 혼자 숨어있으려고 했던 그녀는 이제 기꺼이 마음의 방에 여러 개의 의자를 두고 사람들을 허용하고 맞이하려는 상태로 바뀌어 있었다.

마음의 방의 상태만 봐서는 사실 오늘 상담 자체가 더 이상 필요할 것 같지가 않았고 나는 그녀의 잠재의식(영혼)에게 물었다.

영현: 오늘 우리에게 당신이 보여주고자 하는 것이 있다면 우리를

그곳으로 안내해 주시기 바랍니다.

그러자 그녀는 자연스럽게 깊은 이완 속에서 영혼(잠재의식)이 이끄는 곳으로 흘러갔고 이내 자신이 숲속에 있다고 했다.

내담자: 저는 20살입니다. 단정한 원피스를 입고 있어요. 숲속을 거닐며 산책하고 있습니다. 저는 태어날 때부터 몸이 아주 약했습니다. 그래서 집에서 책을 읽거나 산책하는 것 외에는 제가 할 수 있는 것이 없습니다. 저는 이 숲속 오두막에서 엄마와 아빠 그리고 동생들과 함께 살고 있어요.

영현: 그럼 이제 당신의 시간이 좀 더 빨리 흘러갈 겁니다. 당신이 멈추고 싶은 순간이 있다면 멈추고 저에게 그 상황을 얘기해 주세요. 만약 특별할 것이 없다면 우리는 이 시간의 흐름을 따라 당신의 임종으로 다다를 겁니다.

내담자: 저는 죽음을 앞두고 있습니다. 나이는 20살이에요. 저의 인생은 짧았지만 정말 행복한 인생을 살았습니다. 가족 모두에게 완벽한 사랑과 보살핌을 받았고 지금도 그들은 내 옆에서 웃어주고 있어요. 그들은 죽음을 슬퍼하지 않아요. 다시 만날 것을 알기에 저의 평온한 죽음을 축하해 주고 있습니다. 그래서 저는 이 순간조차도 너무 편안하고 행복합니다.

영현: 이 삶에서 후회되거나 아쉬운 것이 있나요?

내담자: 딱 하나 있어요. 제가 몸이 약해서 숲속을 벗어나지 못했다는 거예요. 좀 더 넓고 먼 곳으로 나가서 다른 체험을 해봤더라면 좋았을 것 같아요. 다시 태어난다면 많은 것을 체험하고 싶어요. 즐겁게 많이 활동할 겁니다.

짧은 삶이었음에도 큰 미련없이 온전한 가족들의 사랑 속에서 죽음마저도 편안하게 즐기는 전생의 모습은 지켜보는 나를 먹먹하게 만들었다. 죽음이란 것이 저럴 수도 있나….

나의 여러 전생들에서 저런 편안한 죽음은 없었다. 늘 치열했고 억울했고 상처와 두려움으로 가득했다. 더구나 전생의 그녀는 너무나 짧은 생을 살지 않았나…. 그런데도 어떻게 집착이나 욕심도 없이 평온하게 마무리를 하고 있을까. 모든 것에 진정으로 힘을 뺀 듯한 그녀의 아름다운 모습에 마음 한켠이 숙연해졌다.

그의 가족들도 놀라웠다. 지금까지 내적 작업을 진행하면서 수많은 죽음을 지켜봐 왔다. 하지만 너무나 절절하게 사랑했을 가족을 저렇게 마음 편하게 웃으며 보내주는 모습은 어디에도 없었다.

어쩌면 아픈 딸이 비로소 진정한 자유를 찾음에 기꺼이 자신들의 집착을 내려놓고 온전히 그 죽음을 허용했으리라. 아니 어쩌면 아픈 마음과 눈물을 애써 숨기고 딸이 마지막까지 가족에 대한 미안함 없이 편안하게 갈 수 있도록 더 즐거운 모습으로 옆을 지켰으리라.

이유야 뭐가 됐든 그 모습은 지금까지 내가 봐온 죽음에 대한 선입견을 완전히 깨버리는 것이었다.

그렇다. 죽음은 끝이 아니라 영혼의 시간으로의 시작이며 물질적인 탁한 억압으로부터의 자유를 찾는 여정이기도 하다.

우리는 결국 물질적 찰나의 시간을 지나 다시 영혼의 세상에서 재회할 것이며, 영혼의 목적을 먼저 끝낸 그들이 그저 나보다 더 빨리 안식을 찾아 떠났을 뿐이다.

그간 ISIP의 영혼 통찰 작업을 진행하면서도 마음 한켠으로 여전히 '죽음'이라는 것에 대한 무거운 저항과 거부감이 내 안에 있었음을 이 장면들을 보면서 다시 한번 알게 되었다.

몸에서 벗어나 다시 순수한 영혼의 모습으로 돌아간 그녀는 곧 자연스러운 이끌림을 따라 영혼의 세상으로 차원을 넘어갔다.

내담자: 이곳은 부드럽고 끝없이 넓으며 편안하고 따뜻한 곳입니다. 주변에 다른 영혼들도 많아요. 그들은 안개 같은 모습으로 느껴집니다.

영현: 그곳에 우리가 알고 있는 '신'이라는 존재도 있나요?

내담자: 네, 우리 영혼에게 지혜로운 힘을 실어주는 존재가 있습니다. 그리고 그는 마치 그저 하늘처럼… 모든 것을 아우르고 있는 햇

빛처럼 그렇게 느껴집니다.

영현: 그 존재에게로 가서 지혜로운 조언을 들어보시기 바랍니다. 앞으로 또 다른 윤회를 앞두고 있는 당신에게… 신이 어떤 메시지를 주는지 느껴보시기 바랍니다.

내담자: 아… 저에게는 나무 조각 밟는 그 바스락거리는 느낌을 누구보다 잘 느낄 수 있고 바람소리와 빗소리를 누구보다 잘 들을 수 있는 능력이 있다고 해요. 그리고 이것은 내가 어디에 있든 얼마든지 즐길 수 있고 만족할 수 있는 거라고 합니다.
그리고 현생의 인생에는 대단한 성공도 없을 것이고 대단한 추락도 없을 거랍니다. 내 영혼은 그 어떤 대단한 물질을 얻기 위한 것이 아니라 그저 이 자연을 놓치지 않고 즐기는 것이 목적이라고 합니다.
자연과의 그 느낌을 확장시켜 나가는 것이 내 영혼의 진화의 길이라고 말씀하세요. 그러니 다른 것에는 욕심을 내지 말라고 하세요.

영현: 당신도 이것을 충분히 이해하고 받아들일 수 있나요?

내담자: 네, 너무나요. 내가 어떻게 진화해야 할지 어떤 방향으로 나가야 할지 너무나 분명해졌습니다.

매번 ISIP의 영혼 통찰을 진행할 때마다 늘 확인하게 된다. 신은 결코 우리에게 대단한 것을 바라지 않는다. 너무나 간단하고 너무나 소박하고 너무나 사소한 것을 하라고 하신다. 하지만 우리는 늘 그 간단하고 소박하고 사소한 것들을 쉽게 외면해 버리고 시시하다며 투덜거리고…. 결국 물질이 유혹하는 뜬구름의 허황된 기대 속에서 평생 불평하고 불안해하고 좌절을 반복하며 지옥을 스스로 만들어 나간다.

그저 바람을 쐬면 되고, 꽃을 아름답게 보면 된다.
그저 빗소리에 귀를 한 번 더 기울이면 되고, 바스락거리는 나뭇잎을 기분 좋게 느끼면 된다.
그렇다고 그 속에서 아무것도 하지 않고 살게 되는 것은 아니다.
오히려 우리가 이런 신의 의도에 충실할 때 살면서 한 번도 느껴보지 못한 완벽하고 조화로운 물질적 풍요, 인간관계, 일을 만끽할 수 있게 될 것이다.
가장 사소한 것을 가장 특별하게 볼 수 있는 힘은 내면의 그릇을 크게 만든다. 내면의 그릇이 커지게 되면 치열한 싸움 없이도 풍요와 충만한 물질이 저절로 채워지게 된다. 풍요와 충만은 내 강렬한 의지가 만드는 것이 아니라 내 안의 여유로운 그릇이 저절로 끌어당기는 것이다.
이 특별한 영혼의 통찰을 그대로 지니고 그 영혼은 다시 지금의 현생 속으로 들어갔고 시간의 흐름에 따라 세월이 흐르고 마침내 우리는 현생의 임종에 다다랐다.

영현: 선생님, 지금 임종을 앞두고 계신데요. 연세가 어떻게 되세요? 몸은 좀 어떠세요?

내담자: 몸은 가볍고 편안합니다. 그리고 저는 90살이에요. 그리고 이곳은 한국이 아닙니다. 숲이 참 예쁜 외국에서 죽음을 맞이하고 있어요. 저는 20년 전쯤에 이곳으로 왔어요. 제 인생은 참 좋았습니다. 그리고 지금은 세상이 많이 바뀌었습니다. 많은 사람들이 자연을 느끼고 소중함을 알면서 살고 있어요. 그리고 앞으로 이 변화는 더 많아질 겁니다.

각성 후 내담자는 들뜬 듯 이렇게 말했다.

내담자: 선생님, 너무 신기합니다. 사실 제가 말씀을 안 드렸지만, 상담 시작할 때 나왔던 마음의 방이 굉장히 이국적이었어요. 마치 외국에 있는 것처럼 말이에요. 그리고 제가 현생의 임종에서 말한 나라는 스코틀랜드예요. 그냥 알겠더라고요. 그리고 이곳은 전생의 내가 살았던 곳이기도 합니다.
그저 이 모든 작업이 마치 처음부터 완성되어 있던 것처럼, 그래서 우리는 그저 그 완성된 작품 속을 여행하고 나왔을 뿐인 것처럼… 모든 게 저절로 연결되고 마무리된 것 같아요. 제 의지도 아닌데 말입니다. 정말 신기할 따름입니다.

그녀의 영혼이 그 전생을 보여준 것은 그것을 정리하고 정화해 달라는 것이 아니었다.

아마도 그녀의 영혼은 전생의 소원, 먼 곳에서의 체험으로 한국에서의 생을 선택한 것 같다. 이곳 한국에서 멋진 체험을 실컷 즐긴 후에 그는 다시 아름다웠던 그의 고향으로 돌아가 마무리를 하려는 것이다.

영혼의 계획을 이렇게 적나라하게 볼 수 있다는 것이, 매번 경험하는 일이지만 또다시 새롭고 경이로웠다.

그녀는 이 상담을 시작하기 전에 자신이 나아갈 방향을 알고 싶다고 했다. 그리고 모든 상담이 끝난 후 우리는 그 방향을 직접 확인할 수 있었다. 그녀의 영혼이 가리키는 방향을 말이다.

영혼이 보내는 메시지, 진정한 자유

이 내담자는 울트라 뎁스® 스테이징을 받으면서 제드 상태까지 경험 한 분으로, 그녀와의 작업은 나에게도 무척 영광이었다.

울트라 뎁스® 스테이징으로 인해 깊은 이완은 이미 확보되어 있는 상태였고, 제드 상태에서 시연했던 생생한 전생의 연장선상에서 나와의 작업에서 역시 기대대로 자발적인 전생 역행이 이어졌다.

이 작업을 통해 제드 상태에서 등장했던 전생의 장면들의 퍼즐이 완성되었고 정리되었으며 아름다운 통찰과 함께 마무리되어 갔다.

첫 번째 상담에서 나온 전생들의 주제는 극도의 분노와 억울함이었다. 이완을 유도하고 마음의 방으로 이끌었을 때 이미 그녀는 마음의 방을 훌쩍 넘어 전생의 한 장면 속에 스스로 들어가 있었다. 그는 20대 후반의 백인 남자로 현재 어머니, 여동생과 함께 동굴에 피신해 있는 상태였는데 그는 곧 자신의 상황을 이야기하기 시작했다.

내담자: 저는 귀족으로 성에서 살고 있었습니다. 저희 아버지는 얼마 전에 돌아가셨고요. 저희 어머니는 둘째 부인인데 아버지의 죽음 이후 첫째 부인의 시기 질투로 억울하게 죄를 뒤집어쓰고 우리 모두 쫓겨나게 되었습니다.
일단 어머니와 동생과 함께 산 위에 있는 동굴로 왔습니다. 이곳엔 비교적 먹을 것도 많고 안전하기도 해서요.

이야기를 이어나가면서 그는 점점 분노에 차기 시작했고 나중에는 스스로 감당하기 힘들 정도의 분노로 입술을 꽉 깨물며 말을 이어나갔다.

내담자: 저는 억울해서 미칠 것 같습니다. 왜 내가 가진 모든 것들을 이렇게 하루아침에 뺏겨야 하는 건지… 저에게는 사랑하는 약혼녀도

있었습니다. 이제 어떻게 살아가야 할지…
반드시 원수를 갚고 싶습니다. 언젠가는 다시 저 성에 돌아가서 나의 모든 것들을 되찾을 겁니다!

나는 그가 느끼는 분노와 억울함에 대해서 그 뿌리 깊은 윤회의 패턴을 파악해 보고 싶은 생각이 들었다. 그래서 망설임 없이 그 감정을 따라 ISIP(ICS 영적 통찰 프로세스™) 전생 분석 기법을 시도했다. 그렇게 전생 분석에서 드러난 몇 개의 전생은 다음과 같았다.

내담자: 저는 17살의 여자입니다. 이름은 에스더예요. 지금 우리 집에서 파티가 열릴 거예요. 곧 여러 사람들이 모일 겁니다.
저희 아버지가 전쟁에서 승리했고 그것을 축하하는 파티예요. 그리고 이 파티에는 아버지가 전쟁에서 데리고 온 포로들도 나올 겁니다.

영현: 그 포로들은 다른 나라 사람들인가요?

내담자: 네, 저희하고는 인종이 다릅니다. (본인은 백인으로 묘사했다.) 그들은 짙은 색의 곱슬머리를 하고 있고 우리보다 키도 작고 몸집도 작은 민족이에요. 우리가 사는 곳보다 훨씬 아래쪽에 살고 있죠. 그들의 힘은 늘 약해서 이 전쟁에서 우리는 한 번도 져본 적이 없어요. 지금도 너무 기분이 좋아요.

하지만 그녀의 자신감 넘치는 말들이 끝나기가 무섭게 갑자기 파티는 순식간에 아수라장이 되어버렸다. 이번 전쟁에서 잡아온 포로들 중에는 그 나라의 공주가 있었고, 적들이 그 공주를 구하기 위해 파티를 급습한 것이다.

승리에 취해서 긴장이 완전히 풀린 채, 전혀 전투 준비가 되어있지 않았던 상태에서 급습을 당한 이들은 완전히 적들에게 초토화되어 버렸고 그 와중에 에스더는 되려 그들에게 붙잡혀 포로로 잡혀가게 되었다.

그 나라에 끌려간 에스더는 이리저리 끌려다니며 놀림과 수모를 당해야 했는데 애초에 포로로 끌려왔다가 극적으로 풀려난 그 나라의 공주는 앙칼진 목소리로 그녀를 죽이라는 명령을 내렸다. 그런 상황에서 에스더는 두려움보다는 치욕과 분노에 가득 차있었다.

내담자: 우리가 늘 승자였는데… 우리가 늘 강했는데… 결코 있을 수 없는 일이에요. 왜… 왜… 이런 일이! 너무나 분합니다. 내가 이런 위치에 있다는 건 결코 말이 안 돼요. 있어서도 안 되는 일이라고요. 저는 결코 잊지 않을 겁니다. 반드시 복수하고 갚아줄 겁니다.

우리는 에스더의 분노 감정을 타고 다시 그 이전의 전생으로 넘어갔다.

내담자: 저는 30살의 여자입니다. 머리는 까맣고 곱슬거리며 피부는 어두운 흙빛을 하고 있어요. 저는 우리들의 왕을 지키는 군대에 있습니다. 저는 뛰어난 신체 능력을 가지고 있거든요.

영현: 아… 당신이 있는 나라는 여자들도 군대에 가나요? 당신들의 옷차림도 궁금합니다.

내담자: 네, 신체 능력이 좋으면 여자들도 군대에 들어가 왕을 지킬 수 있습니다. 저희는 노란빛이 도는 갈색의 원피스처럼 되어있는 옷을 남자 여자 똑같이 입고 있어요.
저는 제가 하는 일을 아주 좋아하고 저의 능력들이 자랑스럽습니다.

그런데 이 장면에서는 그전에 나왔던 전생의 억울함과 분노가 없었다. 그래서 나는 이 삶을 좀 더 진행해 보기로 했고 그 과정에서 그녀는 50세의 시간에 멈춰 억울함을 호소하기 시작했다.

내담자: 저는 50세가 되었습니다. 그러자 나라에서 제가 쓸모없어졌다고 합니다. 저는 이 사실을 받아들이기가 힘듭니다. 왜냐하면 여전히 저는 건강하고 뛰어납니다.
많은 젊은 사람들이 저를 치고 올라와서 강한 체력을 뽐내고 있기는 하지만, 대신 저는 그동안의 경력에서 비롯된 노하우를 발휘해서 군인들을 훈련시킬 수 있는 능력이 생겼습니다.

또한 저는 그동안 정말 충직하게 일해왔고 앞으로도 나라를 절대 배신하지 않을 사람입니다.

지금 저의 모든 능력은 경력과 함께 최고의 수준에 도달했는데 정작 왕은 나에게 그만 나가라고 합니다. 이게 나라의 제도라고 하면서요. 내가 이렇게 뛰어나면 그 제도도 바뀌어야 하지 않을까요? 저는 당연히 그럴 거라고 믿으면서 달려왔어요. 그런데 지금 제 기대가 다 어긋나 버렸습니다. 결코 인정할 수 없어요. 다 뒤집고 싶어요. 절대로 저는 이걸 받아들이지 않을 겁니다!

그 분노와 억울함에 연결된 그 이전의 전생은 다음과 같았다.

6살의 동양인 여자아이가 개울가에서 혼자 놀고 있었다. 부모님은 어릴 적 돌아가신 듯했고, 현재는 누군가의 집에서 집안일을 도와주며 하인처럼 살고 있었다. 그렇게 세월이 흘러가고 30대를 바라보던 나이에 이르렀을 때 그녀는 어느 날 충격적인 진실을 알게 되었다.

어렸을 때, 자신의 부모와 지금 자신을 데리고 온 이 부부 사이에 큰 다툼이 있었고 그 격렬한 몸싸움 속에서 얼떨결에 그 부부는 아이의 부모를 죽게 만들었다.

사실 그녀의 부모가 먼저 그 부부에게 잘못한 것이 있었다고 한다. 처음부터 그들이 나쁜 사람은 아니었는데 당연히 돌려받아야 하는 자신들의 물건을 아이의 부모가 주려고 하지 않자 그것을 찾기 위해 몸싸움을 벌이던 중 사고가 일어났던 것이다. 그 후 그 부부는 혼자 남겨진 어린 여자아이를 차마 외면할 수 없어서 데리고 와 집안일을 시켜가며 키우게 되었다.

이 사실을 알게 된 후 그녀는 감당할 수 없을 정도의 분노에 휩싸이게 되었고 결국 집을 뛰쳐나왔다. 하지만 그 후에도 그녀의 분노는 점점 더 깊어지고 격렬해져만 갔고 마침내 그녀는 완전히 분노에 잠식된 채 그 부부를 다시 찾아가 부부 중 남자를 죽이면서 부모의 원수에게 복수했다.

남자를 죽인 직후, 그녀가 말했다.

내담자: 이게 아닌데… 속이 시원하지가 않아. 너무 허탈해. 원수가 죽었는데 여전히 내 안의 분노는 없어지지 않아. 그를 죽여도 이 분노는 끝이 나지 않아. 왜지….

그 후 그녀는 평생을 폐인처럼 살아갔다. 그리고 한편으론 왜 이렇게 인생이 흘러가고 있는지를 도대체 인생의 의미가 무엇인지를 찾기 위해 고민하고 또 고민했다.

이 전생이 우리가 따라온 분노와 억울함의 패턴의 시작이 된 전생임을 검증하고 나는 영혼 통찰 작업을 이어나갔다.

우선 임종을 앞둔 그녀에게 나는 질문을 했다. 임종을 앞둔 존재이거나 막 임종을 마친 존재는 물질적인 힘이 많이 빠져있는 상태로 현재의식과 영혼의 의식이 함께 섞여있는 상태라고 볼 수 있다. 그래서 이 상태에서 얻는 통찰과 완전히 물질적인 에너지를 씻어내고 비교적 순수한 상태의 영혼에서 얻는 통찰의 의미나 수준은 또 다르다.

  나는 이 각각의 상태가 다 의미가 있다고 생각하기 때문에 웬만하면 통찰 작업 시 이 두 가지 관점에서 모두 통찰을 구한다. 그렇게 했을 때 물질적 의식(현재의식) 수준에서의 통찰에서 주는 가치, 그리고 비물질적인 순수 의식(영혼, 잠재의식) 수준에서의 통찰에서 주는 가치를 비교하면서 물질의식(현재의식)의 특징과 비물질의식(영혼, 잠재의식)의 특징들을 좀 더 상세하게 알 수 있게 된다.

영현: 이 삶은 당신에게 어떤 의미였나요? 왜 당신은 이렇게 힘들 수밖에 없었을까요?

내담자: 저는 인생의 의미를 공부하고 있습니다. 나는 오랜 시간 나

의 내면에서 일어나는 분노와 견딜 수 없는 아픔을 들여다보고 또 들여다봤습니다. 그 분노와 아픔이 나에게는 인생 그 자체였거든요.

삶이 끝나가니 저절로 알게 되는 진실이 있더군요. 실은 그들이 어린 나를 데려간 건 영혼의 계획이 아니었습니다. 그들은 내 부모를 죽이고 그대로 냉정하게 나를 내버려 두고 도망갔어야 했습니다. 그리고 나는 마을에 살고 있는 또 다른 부부, 아이가 없는 그들에게 입양되어 컸어야 했어요. 나는 그들 밑에서 공부를 좋아하는 학자로 성장하고 살아갔어야 했습니다.

그런데 내 인생에 일어난 변수 때문에 나는 분노에 휩싸인 살인자, 폐인이 되어버렸고 내 속에 있는 공부의 열망은 책 대신 내 안의 분노와 아픔을 공부하기 시작했습니다.

하지만 답을 찾지는 못했어요. 왜 내가 분노 속에서 나를 망쳐갔는지 여전히 의문을 품고 죽어갑니다.

임종을 완전히 맞이하고 물질과 육체에서 빠져나온 후, 여러 기법들을 통해 물질적인 에너지를 충분히 씻어내게 했다. 그리고 '시간선'의 신비로운 영역에서 순수한 그의 영혼을 향해 나는 질문을 던졌다.

영현: 지금까지 우리가 본 전생들의 연결고리는 억울함과 분노였습니다. 우리 현재의식에게 분노는 참 다루기 힘든 감정 중의 하나입니다. 명백하게 내가 억울한 상황이고 그래서 화가 나기 시작하면 늘 그 분노 속에 잡아먹히게 되죠. 저도 마찬가지고 말입니다.

내담자(영혼): 분노가 있다 할지라도 자신의 몸과 마음을 분노에 상하지 않게 할 수는 있습니다. 우리(영혼)는 의식적인 몸과 마음이 분노 속에서 손상되는 것을 바라는 것이 아니라 그것을 뛰어넘는 경이로운 경험을 하기를 원했습니다.

당신들은 인간으로서 보고 있는 그 시야보다 훨씬 더 큰 시야를 가질 수 있습니다. 그리고 그 큰 시야만이 분노를 처리할 수 있게 됩니다. 그런 체험을 통해서 그 어려운 과정을 통해서… 사람이 사람을 미워하는 단계를 뛰어넘어 깊은 곳으로 모두가 연결되기를 바랐습니다.

물론 여전히 쉽게 분노를 놓지는 못할 겁니다. 그렇지만 이 고통스러운 과정을 통해 현재의식들은 현실 너머에 또 다른 뭔가가 있을지도 모른다는 시야를 마침내 가지게 됩니다.

현실이 너무나 고통스러울 때 그들은 살아남기 위해 현실 너머의 어떤 공간을 보려고 합니다. 그럴 때 바로 그 고통이 진화의 씨앗이 되는 순간이 됩니다.

영현: 내담자의 현생의 인생에도 꽤 많은 억울함과 분노의 고통이 있었습니다. 물론 다른 생들과는 다르게 평생 스스로 억압하고 살아왔지만요. 현생과는 어떤 연결이 있는 건가요?

내담자(영혼): 현생의 인생에서 그는 의식적인 힘을 서서히 녹여나가게 됩니다. 자신을 붙잡고 있는 그 생각들을 조금만 녹일 수 있다면 그 분노가 사실은 아주 큰 영혼의 계획이었음을 조금씩 알아차리게 됩니다.

그저 모든 것들이 살짝 지나가는… 어쩌면 그냥 쉽게 놓아버릴 수도 있는… 내가 그 분노 속에 굳이 있지 않아도 된다는 것을 스스로 알아차리게 됩니다.

이생의 현재의식은 그 길을 아주 잘 가고 있습니다. 나는 현재의식에게 내가 함께 있음을 느낄 수 있도록 해주었고 그럴 때마다 그는 감동 속에서 이 길을 천천히 가고 있습니다.

영현: 네, 하지만 우리 현재의식들에겐 사실 여전히 그 부분이 벅차고 소화하기 힘듭니다. 당신의 현재의식에게 좀 더 구체적인 조언을 해줄 수 있을까요?

내담자: 너는 여러 생에서 분노로 치를 떨어 왔었고… 이생에서는 그 분노를 표현하지 못하는 억압 속에서 내면으로 분노를 삼키며 몸과 마음을 끊임없이 다치게 했어.

하지만 그 과정의 반복 속에서 어느 날부터 스스로 벗어나고자 찾은 그 길을, 지금은 타박타박 잘 걸어가고 있어.

내가 언제 기뻐하는지 너는 이미 알고 있어. 우리 사이에 선명한 대화는 없었지만 말이야.

네 안에 있는 그 분노는 사실 네 것이 아니야… 아무것도 아니야.

네가 원한다고 했던 것들, 교만하게 원래 '내 것'이라고 했던 것들⋯ 명백하게 이건 내 것이라고 확신했던 것들을 너는 이미 여러 생에서 모두 뺏겨봤잖아.

거기에 정말 너의 것이 있더냐⋯ 진짜 당연한 너의 것이 말이야.

당연히 내 것이고 이 당연한 내 것을 뺏겼다고 생각하니 분노가 쌓일 수밖에. 당연히 내 것이니 죽어서도 놓지 못할 수밖에⋯.

하지만 이 세상에 당연한 건 없어. 당연한 '나의 것'은 없어. 애초에 너의 것, 남의 것, 나뉘어 있는 것 또한 없다.

애초에 저 사람도 너일 수 있었고. 네 곁에 있는 사람들, 다 사실은 얼마든지 너였을 수도 있었어. 사실은 모두 하나의 덩어리로 살 뿐이야. 결국은 네가 저 사람이고 저 사람이 너이기도 해⋯.

며칠 전 네가 했던 각성, <u>'내 것이 아니었구나⋯.'</u>

이제 때가 된 거야. 알아차리고 실제로 진짜 모두가 연결되는 방법을 <u>스스로 느낄 때</u>가 말이야.

실은 네 생각도 네 것이 아니야. 너의 판단도 네 것이 아니야.

그 생각들과 판단들이 너무나 중요하게 느껴질 때마다 알아차려야 해.

그것들이 너의 것으로 머물러 있는 것이 아니라 그저 잘 느끼고 체험한 후 그냥 보내주면 되는 것들이라는 것을 말이야.

그리고 나는 너의 모든 과정과 모습들을 사랑한단다.

다음 상담이 있는 날이었다. 마음의 방도 거치지 않고 바로 전생으로 자발 역행을 했던 첫 상담과는 달리 이번에는 이완의 끝에 마음의 방에 도착했다.

바닥은 밝았지만 위는 까만 어두운 방이 느껴진다고 했다. 작은 창문으로는 구름과 산이 보였고 기다란 소파에 그녀는 앉았다.

영현: 이 방에서 지금 당신은 어떤 생각을 하나요? 또는 어떤 기분이 드나요?

내담자: 문득, 살면서 나는 왜 그렇게 많은 비난을 들어야만 했나 하는 생각이 드네요. 내가 잘못한 것도 없었는데 그들은 늘 당연한 듯 숨죽이고 있는 나에게 비난을 퍼붓곤 했어요. 그럴 때마다 나는 쪼그라들고 숨이 멈추는 듯했죠. 그 비난 속에서 나중에는 정말 내가 모든 것을 감당하고 책임져야 하는 게 당연하게 여겨지기 시작했어요. 어리고 약했던 나는 해결책도 몰랐고 힘도 없었어요. 그저 답답한 감옥 속에 늘 갇혀있는 듯 살아왔던 것 같아요.

나는 그녀의 그런 생각과 감정을 가지고 역행을 시도했고 그녀는 곧 그것과 연결된 어느 전생의 장면 속으로 갔다.

20대의 여자인 그녀는 라오스인이며 이름은 파낭이라고 했다. 부모와 함께 자유롭고 행복한 유년 시절을 보내며 살고 있던 그녀에게, 어느 날 전쟁이 터지게 되었고 그때 그녀는 전쟁 포로로 잡혀가 노예로 살아가게 되었다.

노예로 사는 게 너무 고달파서 도망을 치기도 했지만 매번 잡혀 와서는 더 혹독하게 맞으며 일해야만 했다. 그녀는 맞으면서 매번 '내가 무엇을 잘못했지. 도대체 내가 그들에게 뭘 잘못해서 이렇게 맞아야 하는 거지…' 하고 생각했다.

그렇게 세월이 흘러갔지만 여전히 그녀는 그 고통과 숨통을 조이는 답답함을 받아들일 수가 없었다. 그리고 그 답답함 중에서도 그녀를 가장 힘들게 만들었던 것은, 이 상황을 결코 받아들일 수도 없고 그렇다고 이 상황에서 도망칠 수도 없다는… 이러지도 저러지도 못한다는 답답함이었다. 그렇게 반복되는 생활 속에서 그녀는 점점 더 무기력해졌으며 결국 모든 의지를 포기해 버릴 수밖에 없었다.

60대가 되어 늙고 병이 들자 파냥은 버려졌고 그대로 방치되어 서서히 죽어갔다. 모든 힘을 잃어가는 와중에도 그녀는 어린 시절의 자유를 그리워했다. 부모들 곁에서 안정적으로 뛰어놀던 그 자유를 그녀는 결코 놓을 수가 없었다. 그렇게 죽어가는 그녀에게 나는 물었다.

영현: 만약 다음 생에 다시 태어난다면 어떻게 살고 싶으신가요?

내담자: 길들여지고 싶지 않습니다. 자유롭게 살고 싶어요. 남에게 좌지우지되고 싶지 않아요….

이 말끝에 그녀는 눈시울을 붉히며 긴 한숨과 함께 나지막하게 속삭였다.

내담자: 그런데 나는 다시 똑같이 갇혀 살아가네요. 또다시 남들에게 길들여져서 말이에요.

나는 파냥의 임종을 마무리하고 그녀의 영혼을 불러내서 조언을 구했다. 이번 상담의 주제인 '자유'에 대해서 말이다.

내담자(영혼): 이번 인생은 파냥과 달라. 이 인생에서의 자유는 스스로 펼쳐내는 힘을 가지는 거야. 너의 인생에 처음부터 자유가 주어질 수도 있었지만 진짜 감옥에 있었다가 세상으로 나왔을 때 그 자유가 얼마나 소중한 것인지를 알게 돼.
네가 얼마나 갈구하고 얼마나 그리워했던지 그 가치를 말이야. 또렷한 대비가 때로는 그것의 진짜 가치를 가장 잘 느끼게 해주지.
종종 값싸게 주어지는 것들에 대해서 현재의식은 그것의 가치와 소중함을 쉽게 놓쳐버리지.
너에게 이제 앞으로의 자유는 몇 배로 더 크게 느껴질 거야. 아직 모든 게 늦지 않았어.

넓고 높은 시야를 가질 때, 비로소 그 어떤 시간 위에서도 어떤 측면에서도 너는 자유를 느낄 수 있게 될 거야.

비록 너는 유년시절의 철없음… 해맑음은 가지지 못했지만….
오히려 이렇게 나이가 들어서 자기 마음의 깊은 곳을 보고, 넓은 곳을 보고, 높은 곳에 서게 되면서, 어떤 한 사건을 체험하더라도 그것의 가치를 아주 다채롭게 보는 능력을 가지게 되었어. 그건 너의 고통이 있었기 때문에 가능할 수 있었어.
마치 다이아몬드가 고통 속에서 세공되듯이… 잃은 것이 있는 만큼 더 큰 가치를 얻게 되었어.

하나를 잃으면 하나를 얻는 게 우주의 법칙이야. 오르막이 있으면 내리막이 있고….
길의 끝이 있으면 그 끝에 시작되는 길이 있고… 파도의 꼭대기가 있으니 그 깊은 골이 있는 것과 같아. 그러니 지금 당장 골짜기에 있다고 칭얼대지 않는 삶을 살아봐.
달이 지면 다시 뜨고 달이 작아지면 다시 커질 테니… 그저 모든 과정을 받아들여 봐. 그게 진짜 자유야.

그리고 네가 누리지 못했던 철없음과 해맑음 또한 지금도 늦지 않았어. 철없이, 억울하면 그냥 억울하다고 말해… 그저 힘들면 그냥 도와달라고 말해… 그게 진짜 자유야.

너는 사실 잃은 게 전혀 없단다. 왜냐하면 꿈 같은 유년 시절을 보냈다 하더라도 그 해맑음 속에서 또 잃는 게 있었을 거거든. 그 철없음 속에서 지금처럼 똑같이 놓친 게 있었을 거거든.
그러니 모든 게 억울할 게 없어.

그 후로도 여러 가지 주제로 다회기의 상담을 마칠 수 있었는데, 마지막 날 모든 상담을 끝내고 내담자가 나에게 해준 피드백은 수개월이 지난 아직도 인상적으로 남아있다.

내담자: 선생님, 그냥 모든 게 좋습니다. 감사하고요. 이제는 외부의 짓눌림에서 벗어난 것 같아요. 가득 차있는 쓰레기통을 봐도 눈살이 찌푸려지는 게 아니라 참 좋습니다.
이제는 순환의 가치를 알기 때문이에요. 그냥 그때그때의 분위기에 따라서 흘러가면 될 것 같아요. 기뻤다가 슬펐다가 하면서요.

기나긴 영혼의 여정, '나'에 대한 교과서

이제 막 40대에 접어든 이 내담자는 꽤 오랜 시간의 신중한 고민 끝에, 나와의 종합상담을 결심했다. 그리고 그녀는 첫 상담에서 인생의 목적과 앞으로 내가 나아가야 할 방향을 알고 싶다고 했다.

나 또한 그녀의 잠재의식이 우리에게 어떤 영혼의 기억들을 펼쳐 보일지 궁금했다. 이 영혼은 윤회의 여정에서 어떤 사연들을 체험했고 또 어떤 상처와 고민을 지닌 채로 억겁의 시간 위를 걸어왔을까….

첫 최면상담에서 그녀는, 이완이 시작됨과 동시에 내면으로부터 주체할 수 없는 감정 덩어리가 터져 나왔고 그 과정에서 목이 갑갑하다며 통증을 호소했다. 마치 목에 뭔가 걸린 듯 고통스러운 표정으로 서럽게 눈물을 쏟아내는 그녀를 진정시키고 우리는 마음의 방으로 갔다.

그곳에는 의자도 없이 탁자 하나만 덩그러니 놓여있었고 창문도 없었다. 스스로 앉을 의자를 하나 만들어 보라고 했을 때 그녀는 등받이도 쿠션도 없는 아주 낮고 작은 의자를 만들었다. 그곳에 앉아보라고 하려는 찰나 그녀는 갑자기 저 낮은 의자에 쿠션이나 등받이를 만들고 싶다고 했다. 그녀의 의지대로 쿠션과 등받이를 만들어 앉았지만 여전히 의자는 낮고 작아서 불편하기만 했다.

그 방에서 어떤 기분을 느끼고 있느냐고 물었을 때 그녀는 공허함과 허전함이 느껴진다고 했고 우리는 곧 그 감정이 연결되어 있는 유년 시절로 갔다.

그녀는 어렸을 때 엄마가 바쁘게 일을 해야만 했기 때문에 할머니 할아버지 집에서 자랐다. 아들이 귀한 집안 장손인 아버지에게서 장녀로 태어난 그녀는, 아주 보수적이고 권위적인 할아버지의 눈에 그저 못마땅한 존재였고 그것에 대한 할아버지의 고약한 감정은 고스란히 어린 손녀딸에게 구박과 화를 내는 것으로 늘 돌아왔다.

6살의 아이는 어두운 밤 할머니 집에서 나와 혼자 골목길에 서서 엄마를 기다리고 있었다.

내담자: 할머니 집에 들어가기 싫어요. 너무 무서워요. 집에 가고 싶어요. 엄마… 빨리 와….

그렇게 아이는 또 서럽게 눈물을 쏟아냈다.

처음 이완하자마자 터져 나왔던 감정의 원인 또한 결국은 이곳이었다. 울면서 목에 뭔가 막힌 듯 통증을 호소했었는데 결국 목에 걸려있는 그것은 오랜 기간 말하지 못했던 어린아이의 서러움이었다.

"집에 가고 싶어! 엄마 빨리 와! 할머니 할아버지 싫어! 무서워!"

실제로 그녀는 살면서 이 말을 한 번도 입 밖으로 낸 적이 없었다고 한다. 투정부리고 싶고 집에 가겠다고 고집 피우고 싶었지만 그 아이는 이미 다 알고 있었으리라. 자신이 투정부린다 한들 부드럽게 위로하고 받아줄 어른이 곁에 없다는 것을, 그리고 아무리 고집을 부려도 일을 해야 하는 엄마의 사정이 바뀌지는 않을 거라는 것을, 또한 이렇게 투정부리고 고집 피웠을 때 돌아오는 건 할아버지의 더 큰 꾸지람이라는 것을 말이다.
그래서 그 아이는 가슴속에 있는 그 말들을 꾹꾹 누르고 또 눌렀을 것이다. 집이 그립고 엄마가 그리울 때마다 또 할아버지가 무섭고 두려울 때마다 눈물을 참고 목구멍까지 올라오는 말들의 덩어리를 꾸역꾸역 참고 삼켰을 것이다. 그렇게 내면 깊은 곳에 묻어놨던 그 말들이 최면으로 이완하면서 힘을 빼자 저절로 튀어나온 것이었다.

우리는 그 아이의 감정을 편안하게 해소시켜 주고 그 기억의 방에서 해방시켜 주었다.

상담이 끝난 후 나는 그녀에게 마음의 방의 상태에 대해 좀 더 부가 설명을 했다.

영현: 탁자는 거기에 맞는 의자가 세트로 있어야 쓰임의 가치가 있게 됩니다. 그런데 선생님의 마음의 방에는 탁자만 있고 의자가 없었어요. 어쩌면 선생님의 인생이 이랬을지도 모릅니다. 뭔가 분명 재능이 있고 능력이 있는데 결정적인 무언가가 빠져서 늘 인생의 실속을 놓쳐버리는 느낌… 그리고 낮은 의자는 자존감을 뜻하는데요. 선생님은 그 의자에 스스로 쿠션과 등받이를 만들어 주셨잖아요. 나를 포기하지 않고 끝까지 사랑하려고 노력하고 있으나 세상 속에서 자꾸만 주눅이 들면서 나 자신이 초라하고 낮아지는 느낌이 들고 있다는 것을 보여줍니다.

이 말을 들으며 그녀는 다시 한번 눈물을 흘렸다.

내담자: 맞아요… 정말 그 말이 딱 맞습니다.

하지만 걱정할 필요는 없다. 왜냐하면 이제 시작이니까. 그 모든 것을 변화시킬 거대한 시작점 위에 그녀는 지금 서 있으니까 말이다.

다음 상담일, 마음의 방은 그전 상담 때와는 다르게 변해있었다. 없었던 창문이 생겨있었고 하얀색의 화려하고 고급스러운 유럽풍의 가구들이 갖춰져 있었다. 특히 화려하고 예쁜 화장대가 눈에 띄었는데 그 화장대에는 딱 어울리는 고급스러운 의자 또한 갖춰져 있었다.

영현 : 이 방에서 지금 기분이 어떤가요?

내담자: 어색해요. 친근하지가 않고 아주 낯설어요. 뭔가 나한테 어울리지 않는 것 같아서 이 방에 있는 것조차 좀 부끄럽게 느껴지네요.

이 느낌을 가지고 내면을 여행하기 시작했고 우리는 유년 시절, 본인의 실수로 할아버지에게 크게 혼나는 기억의 방을 거쳐 그것과 연결된 전생으로까지 다다랐다.
그리고 그녀는 전생의 어느 시점에서 자신의 상황들을 이야기하기 시작했다.

내담자: 저는 20살의 여자입니다. 노란빛이 도는 허름한 드레스를 입고 있어요. 거울 속의 내 모습을 보고 있는데 머리가 마구 헝클어져 있어요. 제가 일하고 있는 집주인 여자에게 머리채를 잡혔거든요. 제

가 일은 열심히 안 하고 예쁜 척한다면서 그랬어요. 아… 너무 짜증이 나요.

나는 사실 남들이 부러워할 정도로 예쁘게 생겼어요. 그런데 왜 이러고 살아야 하는지 모르겠어요. 난 더 좋은 곳에 살고 싶은데… 내 얼굴에 맞게 그래야 할 것 같은데….

영현: 그랬군요. 당신의 이름을 말해줄 수 있나요?

내담자: 네, 엘리예요.

나는 엘리라는 이름에 조금은 당황스러웠다. 같은 날 더 이른 시간에 어떤 분의 최면상담이 있었는데 거기서도 자발적인 역행으로 전생이 나왔었다. 그리고 그 전생에서의 이름 또한 엘리였다. 흔한 이름이라 우연의 일치였을까?

15년 가까이 최면 작업을 해왔고 수도 없이 내담자들의 전생 작업을 진행해 왔지만, 같은 날 두 내담자가 약속이라도 한 듯 아무런 상담사의 암시 없이 자발 전생을 일으키고 또 같은 이름의 전생 사연을 이야기한다는 것이 분명 흔한 일은 아니다. 그저 우연이라 치부하고 넘기면 될 일이지만 나는 사실 그 미묘한 연결성의 신비함을 그 순간 놓치고 싶지 않았다. 그건 마치 그들의 잠재의식이 나에게 보내는 신호 같았기 때문이다.

'당신에게 꺼내놓고 있는 우리의 사연들은 꽤 진지합니다. 그러니 믿으세요.'

이런 연결성이 보여주는 동시적 신호는 사실 종종 있었는데 얼마 전 강의 때도 이와 관련된 재미있는 일화가 있었다. 'ICS 정화와 소통' 레벨 시리즈 강의 중 레벨2 과정의 첫 주가 끝나면 참가하신 선생님들에게 본인의 잠재의식의 이름을 지어오도록 하고 있다. 본인들은 그 이름을 아주 의식적으로 지어냈다고 믿지만 사실은 영감적인 흐름 속에서 떠오른 이름을 대부분 지어온다. 레벨 시리즈 과정 자체가 잠재의식의 활성도를 높이고 있기 때문에 가능한 일이다.

그리고 그렇게 지어온 잠재의식의 이름은 수업 중 진행되는 펜듈럼을 통해 최종적으로 긍정적인 대답을 확인하면서 결정짓게 된다.

어느 날 강의 중에 펜듈럼으로 잠재의식에게, 자신이 지어온 이름이 마음에 드느냐고 확인 작업을 하던 중 한 선생님이 크게 웃으며 이렇게 말했다.

A 선생님: 선생님, 저번 수업에 제 앞에 앉으신 분이 너무 예쁜 보라색 리본을 머리에 하고 계신 거예요. 그 보라색이 유독 눈에 띄어서 잠재의식의 이름을 '보라'라고 지었어요. 그런데 왠지 오늘 자꾸 머릿속에서 '샛별'이라는 단어가 강하게 올라오는 겁니다. 그래서 펜듈럼으로 물으니 '보라'라는 이름은 '아니오'가 나오고 '샛별'이라는 이름은 마음에 든다는 긍정신호가 나오네요. 하하… 샛별이 맞나 봐요.

영현: 그래요? 그럼 보라색 리본을 하고 왔던 선생님 잠재의식의 이름은 뭔가요?

B 선생님: 아… 저는 '연두'예요.

사람들은 일제히 웃었다. 그때 A 선생님 건너편에 앉아있던 어떤 선생님이 수줍게 손을 들고 말씀하셨다.

C 선생님: 저… 선생님, 너무 신기합니다. 사실 저는 원래 잠재의식의 이름이 '샛별'이었어요. 그런데 오늘 왠지 자꾸만 머릿속에서 '보라'라는 이름이 떠오르는 거예요. 그래서 좀 전에 펜듈럼으로 물었는데 '샛별'이라는 이름이 아니라 '보라'라는 이름에 긍정이 나왔습니다.

이 말에 사람들은 웃음을 멈추고 일제히 놀라는 탄성을 질렀다.

선생님들: 어떻게 그럴 수가 있죠? 분명 서로 모르는 사이인데… 이름을 내면에서 교환하신 거네요. 와!

영현: 선생님들 머릿속에서 떠오른 이름이 잠재의식이 올려준 거라는 것에 대한 확신을 주기 위한 잠재의식들의 신호입니다. 그리고 우리의 의식 너머 잠재의식들은 이미 서로 많은 교감을 하고 소통을 하

고 있습니다. 이렇게 인연으로 만나질 것을 그들은 이미 다 알고 있었고, 아니 어쩌면 우리가 태어나기도 전에 그들은 이날의 만남을 계획했을지도 모릅니다. 우리는 오늘 그들의 의도를 이렇게 재밌는 방식으로 확인했네요.

다시 내담자의 전생 엘리에게로 돌아가 보자. 나는 전생의 인격 엘리에게 말했다.

영현: 엘리… 이제 당신의 시간이 빠르게 흐를 겁니다. 그리고 이 시간의 끝에 당신은 이 삶의 끝자락, 임종을 맞이하고 있게 됩니다.

내담자: 저는 40살입니다. 죽으려고 목을 매고 있어요. 저는 너무나 무기력하고 의욕이 없어 더 이상 살 수가 없습니다. 이 선택밖에는 할 게 없어요.

영현: 당신의 심경이 어떻길래 그런 결정을 하고 있나요?

내담자 : 왜 이렇게밖에 살지 못했는지… (눈물) 뭔지는 모르겠지만 평생 내가 원하는 무언가를 못하고 살아왔어요. 더 이상 이렇게 살고 싶지는 않습니다. 나는 다른 환경에서 다시 태어나고 싶어요.

그리고 끝내 엘리는 그렇게 생을 마감했다. 이런 엘리의 죽음은 내담자의 현생 의식에게 꽤 당황스러운 것이었으며 충격이었다. 한동안 현생의 의식은 말문을 잇지 못했다. 스스로 받아들이기 힘든 듯 혼란스러운 기색이 역력했다. 그도 그럴 것이 후에 최면이 끝나자마자 그녀는 눈을 동그랗게 뜨고는 이렇게 말했다.

내담자: 정말 믿을 수가 없네요. 전 평소에 자살이라는 것에 아주 부정적이고 회의적이거든요. 자살하는 사람들이 정말 이해되지 않았고 절대 그래서도 안 된다고 단호하게 말하고 살아왔어요. 그런데 그런 내가 전생의 어떤 삶에서 자살을 했다니….

나는 최면 상태에서, 자살한 전생의 엘리를 보면서 당황스러워하는 내담자의 현재의식을 진정시킬 필요를 느꼈다. 하지만 나 또한 쉽게 그녀를 진정시킬 멋진 통찰의 멘트가 떠오르진 않았다.

영현: 당신의 잠재의식(영혼)이 왜 당신에게 이 사연을 보여준 걸까요? 사실 저 사연의 진실 여부는 중요하지 않습니다. 하지만 저 사연을 통해 잠재의식이 당신에게 말하고자 하는 메시지는 아주 중요합니다. 잠재의식은 이 삶을 보여줌으로써 당신에게 어떤 메시지를 전달하고 싶었던 걸까요? 자! 느껴보세요. 당신 안에는 충분한 지혜가 이미 있으니까요. 당신은 모든 의미를 알 수 있습니다.

내담자: (눈물) 저에게 용기를 내래요. 더 이상 도망가지 말라고 합

니다. 저에게는 무기력함과 주저하는 마음 그리고 불안함이 늘 있었어요. 그래서 쉽게 포기하고 도망가려고만 했어요. 전생의 엘리처럼요. 그런데 이제는 용기 내라고 합니다. '실수해도 괜찮으니까 숨지 말고 그냥 계속 가… 완벽하지 않아도 되니까 그냥 가….'
어… 선생님, 엘리의 인생에서 내 머리채를 잡았던 그 주인 여자가 현생에서 저의 할머니인 것 같아요. 그냥 갑자기 그런 느낌이 강하게 드네요.
할아버지가 무섭게 대할 때마다 그래도 할머니가 옆에서 많이 지켜줬었어요. 그래서 그나마 견딜 수 있었죠. 그 주인 여자는 나를 괴롭혔던 것에 대해 죄책감을 느꼈었나 봐요. 그것을 갚아주기 위해 현생에서 다시 저를 만난 것 같아요.

그녀의 의식은 잠재의식(영혼)의 메시지와 함께 빠르게 진정되었다. 그리고 나는 전생과 현생 간에 연결되어 있었던 인연의 끈을 정리해 주고 다시 현생으로 돌아와 유년 시절을 확인했다. 전생을 경험하기 전에는 할아버지의 역정에 잔뜩 주눅이 들어 도망가려고 했던 아이가… 전생에서 통찰을 얻고 다시 그 기억 속으로 들어가서 확인하니 활기차고 적극적으로 변해있었다. 자신의 실수로 숨고 싶어 했던 아이는 자신감을 가지고 친구들에게 먼저 놀자고 손을 내밀고 있었다.

그렇게 작업을 마무리하고 마음의 방으로 돌아왔을 때, 방의 모습은 그대로 유지되어 있었지만 그 방을 대하는 선생님의 마음은 완전히 달라져 있었다.

내담자: 이제 정말 내 것 같아요. 전혀 낯설지도 않고 부끄럽지도 않아요. 이제는 온전히 이것을 누릴 수 있을 것 같아요! 너무 설레고 신납니다!

사실 이 마음의 방에는 한 가지 더 숨은 의미가 있다. 화려한 유럽풍의 가구… 이것은 누릴 수 없는 것에 대한 기대, 환상, 욕심을 의미하기도 한다.

영현: 저… 선생님, 혹시 살아오면서 늘 내가 가지지 못하는 것들에 대한 기대 때문에 힘들지는 않았나요? 뭔지는 모르겠지만 멋진 무언가가 있을 거라는 기대감으로 현실은 더 싫고 받아들여지지 않는

갈등이 내적으로 있었나요? 마치 엘리처럼요.

내담자: 네, 정말 그랬어요. 엘리처럼… 뭔가 더 좋은 게 있을 거야… 더 멋진 게 있을 거야… 그러면서 정작 현실은 그렇지 못하니까 막연하게 좌절하고 힘들었었어요.

영현: 어쩌면 엘리가 그런 기대를 보지 않고 주어진 현실을 온전히 봤다면 덜 괴롭지 않았을까요? 사실 엘리의 그 기대는 실체가 없었어요. 막연한 그 무언가… 결국은 허상의 좋은 것, 허공을 향하고 있었죠. 그러면서 현실을 더 받아들이지 못했을 겁니다. 엘리가 현실을 좀 더 정성 들여 봤더라면 그래서 좀 더 그것을 허용했더라면 그 예쁜 얼굴로 훨씬 더 현실적인 많은 것들을 제대로 누렸을지도 모르는데 안타까웠습니다.

내담자: 맞아요. 저도 그렇게 살아왔어요. 정작 더 좋은 게 뭔지… 더 멋진 게 뭔지 그 실체도 모르면서 화려한 허상을 기대하려고 했던 것 같아요. 결국 'ICS 정화와 소통' 수업에서 늘 선생님이 하던 말이네요. 주어진 것을 먼저 누리라는 말이요.

영현: 네, 맞습니다. 눈앞의 현실을 먼저 허용하세요. 밀어내지 말고 싸우지 말고요. 그래야 진짜 인생을 내 것으로 누릴 수 있게 되고 공허한 마음의 결핍도 그렇게 채워지게 됩니다.

이것을 놓고 다른 작업은 굳이 필요치 않아 보였다. 이미 그녀는 나의 조언을 아주 잘 이해하고 현명하게 받아들이는 듯 보였고 실제로 그다음 회기의 상담에서 나온 마음의 방에서는 화려한 가구가 아닌 아주 소박하고 편안한 가구들이 저절로 만들어져 있었다. 물론 화려한 가구의 상징적인 의미를 직접적으로 언급하지 않았음에도 말이다.

어쩌면 늘 실체 없는 화려함을 즐기지 못했던 엘리의 그 아쉬움을 마음속에서 내 것으로 온전히 누리고 즐기면서, 그 충만함으로 저절로 그 갈증에서 해방되어 나온 게 아닐까 싶다.

그녀의 잠재의식이 만들어 준 선물처럼 말이다. 나는 현실적인 조언을 그녀에게 직설적으로 했지만 그녀의 잠재의식은 훨씬 더 부드럽게 그의 마음을 풀어주고 어루만져 주면서 해방시켜 주었던 것 같다.

아무리 내가 전문적인 ICS의 최면 전문가라고 하더라도 결국 그들의 잠재의식(영혼)이 통찰을 위해 이끌어 주는 그 방식들은 결코 내가 따라갈 수 없는 차원의 수준임을 늘 인정할 수밖에 없다.

'이게 갖고 싶었지… 넌 충분히 그럴 수 있는 사람이야… 너의 안에는 모든 것이 있단다. 온전히 누리렴. 그리고 그 충만함 속에서 진짜 너의 것을 제대로 찾아가렴….'

다음 상담일이 되었고 우리는 짧은 피드백을 나눈 후 바로 이완에 들어갔다. 이완 속에서 느낀 마음의 방은 창문도 있고 소박한 가구들이 잘 갖춰져 있는 평범한 방이었는데 다만 창문은 굳게 닫혀 밖을 볼 수 없었고 방안도 어두웠다. 그 어둠 속에서 책상 의자를 떠올린 그녀는 의자에 앉자마자 원인 모를 극심한 두려움을 호소했다.

내담자: 살고 싶어요. 죽고 싶지 않아요. 너무 무서워요. (눈물)

이미 그녀의 어떤 사연이 이완과 동시에 저절로 올라와서 마음의 방 전체에 퍼져있는 듯 보였다. 나는 재빨리 그 감정을 따라 역행을 진행했고 그녀는 곧 뜻밖의 장소에서 고통에 빠져있었다.

내담자: (아주 절박하게) 살려주세요… 살려… 주세요… 나는 물에 빠지고 있어요. 죽어가고 있어요….

영현: 당신의 시간이 좀 더 빠르게 흐릅니다. 그리고 당신은 곧 편한 상태가 됩니다. 자! 당신은 지금 어떤 상황인가요? 어디에 있나요? 편안한 상태에서 그 상황들을 충분히 인식할 수 있게 됩니다.

내담자: 조금 전에 물에 빠져 죽었습니다. 전 20살이고요. 한복을 입고 있어요.
이곳은 지금 어두운 밤인데 강 저편에 사람들이 모여있습니다. 내가 죽는 모습을 지켜보고 있었어요. 저 사람들이 저를 죽이려고 물에 빠뜨렸습니다. 배에 태워서 물에 던졌습니다.
전 신분이 미천한 사람입니다. 그런데 신분이 높은 양반집 남자가 저를 좋아했어요. 저도 그게 싫지 않았고요. 신분도 안 맞고 이미 혼인해서 가정이 있는 그분을 좋아했다는 이유로 사람들이 저를 죽였습니다.

그런데 더 비참한 건 그가 이 사실을 다 알고 있다는 겁니다. 내가 죽는 걸 알면서도 모른 체하고 있어요. 그가 가진 것들을 지키기 위해서요. 그는 저를 정말 사랑한 게 아니었어요. 제가 순진하게 속은 겁니다.

나는 그녀의 영혼을 모든 생들의 정보들이 있는 '시간선(ISIP 기법)'이라는 장소로 안내했다.

영현: 자! 이곳에선 당신이 거쳐온 모든 삶, 그리고 앞으로 거쳐 갈 모든 삶에 대한 정보들이 있습니다. 이곳에서 당신은 윤회에 대한 모든 정보들을 저절로 알 수 있게 됩니다. 자살을 선택했던 엘리의 삶과

억울하게 물에 빠져 죽은 그 삶의 시대적 순서가 어떻게 되나요?

내담자: 엘리의 삶 다음에 물에 빠져 죽은 삶이 이어졌습니다.

사실 내가 그녀를 '시간선'으로 안내한 이유는 이 죽음의 인과를 알고 싶어서였다. 보통 어느 삶에서 안정적이지 못한 죽음을 맞이할 경우, 그 죽음에 대한 트라우마의 에너지가 다음 생으로 강하게 연결되어 평탄하지 못한 죽음으로 나타나게 된다. 그리고 이는 대부분 한 생으로 끝나지 않고 몇 생에 걸쳐 나타난다. 그만큼 한번 강렬하게 형성된 물질적 에너지는 꽤 오랜 삶으로 이어진다는 것이다.

우리는 그 삶의 억울함에 대해 정리해 주고 현생과 연결된 인연의 고리를 분리하면서 작업을 마무리했다. 그리고 마음의 방으로 돌아왔을 때 방엔 따뜻한 불빛이 생겨났고 창밖으로는 아름다운 숲속 풍경이 보였다. 그리고 없었던 침대가 생겨나 있었는데 선생님은 이제 그 침대에 누워서 쉬고 싶다고 말했다.

내담자: 선생님, 왜 제 잠재의식(영혼)이 저에게 이 인생을 보여줬는지 명확하게 알겠습니다. 마치 잠재의식이 저를 향해 이렇게 강하게 소리치는 것 같았어요. '정신 차리고 남자 만나!' (웃음) 사실 제가 그동안 제 소신 없이, 누군가 나를 많이 좋아해 주면 못 이기고 받아 주는 편이었어요. 그리고 그렇게 했던 연애는 늘 끝이 좋지 않았고요.

이제는 정신 차리고 정말 내가 좋아하는 사람, 내가 믿고 의지할 수 있는 사람을 잘 보고 만나야겠어요.

그리고 다음 상담일, 참 아이러니하게도 마음의 방에 침대가 떡하니 나와있는 것이 아닌가. 본격적인 상담을 하기 전 마음의 방에 침대가 나와있다는 것은 극도의 무기력한 상태를 보여주는 것이다. 이런 경우 작업의 진행이 힘든 경우가 많다.

나는 오늘 작업 또한 쉽지만은 않으리라는 걸 짐작하며 마음으로 이것 또한 미용고사(미안합니다. 용서하세요. 고맙습니다. 사랑합니다.)로 정화했다.

'이것 또한 그녀의 잠재의식(영혼)의 의도이리라… 나는 그저 그 의도에 힘을 빼고 따라가기만 하면 될 뿐이다.'

그녀는 아니나 다를까 마음의 방에서 극심한 피로감을 호소했고 쉬고 싶다고 했다. 몸과 마음이 지칠 때로 지친 느낌이 든다고도 했다. 그런데 이상한 것은 이 피로감 속에 뭔지 모를 그리움이 있다는 것이었다. 그리고 그것은 살면서 어렴풋이 종종 느껴왔던 감정이라고도 말했다.

우리는 그 익숙한 피로감과 그리움이 안내하는 내면 깊은 곳으로 들어갔다.

9살의 아이는 옥상에서 밖을 바라보고 있었다. 아무 생각도 없고 아무 감정도 없이 그저 허한 눈빛으로 하염없이 밖을 보고 있었다. 의욕도 없고 아무것도 없는 무미건조한 표정의 그 아이를 뒤로하고 우리는 다시 더 깊은 내면으로 향했다.

내담자: 늦은 오후입니다. 전 길을 걷고 있어요. 30살이고 이름은 모리스… 남자입니다.
저는 수도원에서 살고 있습니다. 생계도 보장되고 기도를 하면서 살 수 있다길래 어렸을 때 들어갔습니다. 거길 들어가지 않았다면 저도 부모님처럼 농사를 짓고 살았을 거예요.
그런데 지금은 모든 게 만족스럽지가 못합니다. 지금 이 수도원은 심각하게 부패했습니다. 수도원을 운영하는 이들은 모두 욕심 많은 사람들일 뿐이에요. 이곳에서 저는 기도가 아니라 노동만 하고 있습니다. 그들은 마치 저를 노예처럼 부리고 있어요. 저는 그저 일하고 또 일하면서 하루하루를 의미 없이 보내고 있습니다. 이건 제가 원했던 삶이 아닙니다.

영현: 그러면 그만두면 되지 않나요?

내담자: 이젠 너무 익숙해져서 다른 생각을 할 수가 없습니다. 그냥 이렇게 사는 수밖에요.

영현: 모리스… 이제 당신의 시간이 빠르게 흐르기 시작할 겁니다. 이 흐름 속에서 당신의 인생에 중요한 순간이 있다면 그곳에서 멈추게 될 겁니다. 그게 없다면 우리는 이 흐름 속에서 당신의 임종으로 가게 될 겁니다. 자! 모리스, 당신은 지금 어디에 있나요?

내담자: 저는 70살입니다. 침대에 혼자 누워서 죽음을 맞이하고 있습니다. 저는 수도원에서 똑같은 노동을 반복하여 평생을 보냈습니다. 그리고 이렇게 죽음을 맞이하고 있네요.

영현: 당신의 지금 심경은 어떤가요?

내담자: 아무 생각이 없습니다. 아니 생각을 하면 안 됐어요. 생각하면 괴로워지니까요. 내가 왜 이렇게 살아야 하는지 괴롭고, 이것에

서 벗어나야 할지 말지를 결정해야 하니까요. 그게 싫어서 그냥 아무 생각도 하지 않고 아무 감정도 느끼지 않고 살았습니다.

영현: 현생의 의식 나오세요.

내담자: 네!

영현: 모리스의 모습과 지금 당신의 모습, 그리고 모리스의 삶과 지금 당신의 삶이 닮은 점이 있나요? 어떤 부분이 연결되어 있었을까요?

내담자: 닮았습니다. 무미건조한 성격. 삭막하고 메말라 있는 듯한 내 인생과 연결되어 있네요. 기쁨과 즐거움이 뭔지 그리고 행복이 뭔지도 모른 채로 그저 하루하루 일하면서 삭막하게 살아가고 있는 제 모습과 비슷합니다.

우리는 연결되어 있었던 인연의 고리를 정리하고 최면에서 돌아 나왔다. 각성 상태에서 그녀는 마음의 방의 침대가 암시했듯이 지금까지 상담 중 가장 힘들었다고 토로했다. 그동안 했던 상담들은 강렬하고 의욕적인 감정들이 저절로 터져 나와서 쉽게 표현하고 따라갈 수 있었는데 이번에는 뭔가 무기력하고 처지며 아무 의욕도 없는 상태에서 표현 자체가 힘들었다고 한다. 그리고 이는 자신이 경험했던 모리스의 성격과 삶을 그대로 닮아있었다고 한다.

또한 본인도 일상에서 모리스와 같은 무기력하고 무미건조한 시간들을 수시로 보내고 있었다는 것을 알아차릴 수 있었다. 그리고 특히 모리스의 모습이 참 인상적이었단다. 키가 큰 장신에 삐쩍 마른 몸, 창백할 만큼 핏기가 없는 하얀 얼굴은 마치 살아있는 사람이 아닌 듯 무표정하고 굳어있었다고 한다.

첫 상담에서 나는 그녀에게 실제로 이런 부분이 느껴졌었고 나는 이미 그 부분을 그때 언급했었다.

영현: 선생님 내면에서 촉촉함이 느껴지지 않습니다. 마치 물기 없이 삐쩍 말라 있는 꽃이나 식물처럼 촉촉한 생기가 안 느껴지네요. 이러면 현실에서 주어지는 것들을 흡수할 수가 없습니다. 모든 소중한 체험들이 그저 뻣뻣하게 부딪히고는 의미 없이 사라지게 되죠.

사실 그녀는 처음 내가 이 말을 했을 때 그럴지도 모른다며 고개를 끄덕였지만 내면 깊은 각성은 일어나지 않았을 것이다. 이게 실제로 어떤 의미이고 생활에 어떤 영향을 주고 있는지 말이다.

이번 상담을 한 후 그녀는 비로소 이것의 의미를 진정으로 새길 수 있었다. 본인이 어떻게 살아왔는지를 모리스를 통해 깨닫게 되었고 또 어떻게 소중한 순간을 허용해야 할지를 스스로 깊게 생각하게 되었다.

매 순간을 "불편해"라고 본능적으로 말하면서 우리는 참으로 많은 시간들을 의미 없이 버리고 산다. "내 마음에 들지 않아", "뭔가 더 좋은 게 있을 거야", "이건 내가 원하던 것이 아니었어", "포기하고 살자" 등등으로 우리는 신이 선물한 물질 세상의 보석들을 너무 아무렇지도 않게 버리고 있었다.

우리는 이렇게 이 상담을 마무리했다.

영현: 건강한 몸으로 하는 모든 체험이 축복이지 않을까요? 이것을 깨닫는 순간 매 시간들이, 모든 체험들이 촉촉해질 겁니다.

그리고 다음 상담에서 그녀는 이런 피드백을 전해줬다.

내담자: 선생님, 직장에서 이상하리만큼 일들이 꼬이고 또 귀찮은 이슈가 많은 일주일이었어요. 예전이라면 짜증부터 나고 마음으로 지치고 밀어냈을 텐데 이상하게 모든 게 아주 자연스럽고 편안하게 받아들여졌어요. 그냥 오늘은 이런 일이 일어나는구나… 그렇게 보니 귀찮았던 어떤 장소가 오히려 좋게 보이기까지 하더라고요. 촉촉하게 현실을 체험한다는 게 어떤 느낌인지 알 것 같았습니다.

마지막 상담일이었다.
내가 근무하고 있는 센터에는 3개의 상담실이 있는데, 상담 선생님들의 일정에 맞춰 비어있는 상담실을 돌아가면서 쓰게 된다. 나는 상담이 있는 날 아침이나 전날, 센터 상담 일정을 확인하고 미리 상담실을 정한 후 그 상담실의 공간을 정화한다. 그러면 그 상담실은 이미 정화의 에너지로 가득 차서 내담자들의 이완과 정화 작업 그리고 잠재의식(영혼)의 활성도를 높여주게 된다. 이것의 효과는 늘 선명하게 느끼고 있어서 나는 이 사전 정화 작업을 꽤 정성 들여서 하는 편이다.

그녀의 마지막 상담일 아침, 센터 일정을 확인해 보니 상담실 3개가 다 비어있었다. 이럴 때면 보통 세 개 중에 하나를 골라서 정화를 하고 출근하곤 하는데 이상하게 이번에는 내가 선택을 하고 싶지 않았다. 그래서 나는 그녀의 잠재의식(영혼)에게 마음으로 이렇게 부탁했다.

"당신이 원하는 상담실을 저에게 직접 보여주세요. 그러면 그곳을 정화하겠습니다."

그러자 1상담실의 모습이 명확하게 떠올랐고 나는 곧 그곳을 정화했다.

그런데 막상 센터 앞에 다다랐을 때 나는 기겁하고야 말았다. 우리 센터 위층에서 한참 이사를 하고 있었는데 사다리 지게차가 1상담실 창문 쪽으로 덜컥거리며 올라가고 있었기 때문이다.

"어이! 여기~ 여기~ 저쪽으로, 아니 저쪽이라니까!"

기계 소리, 인부들의 분주한 고함 등이 뒤섞여 그 일대는 매우 혼란스럽고 시끄러웠다. 아니나 다를까, 기계가 바로 설치되어 있는 1상담실의 소음은 특히나 심했다.

이 상태에서 상담하기는 어려워 보였고 나는 그래도 가장 멀리 떨어져 있는 3상담실로 옮겨가야겠다고 마음을 먹었다. 그런데 그때 마음속에서 이상하게도 뭔가 붙잡는 느낌이 올라왔다.

'내담자의 잠재의식(영혼)이 뭔가 계획이 있을지도 몰라. 이곳을 지목했을 때는 다 이유가 있을 거야.'

그리고 어쩌면 이 소음 또한 내담자의 사연과 관련이 있을지도 모른다는 생각이 들었다.

곧이어 그녀가 상담실에 도착했고 그녀 역시 당황하기는 마찬가지였다. 하지만 우리는 이것 또한 허용하고 받아들이기로 했다. 그리고 사실 최면적인 이완이 깊어지면 주변이 얼마나 혼란스럽고 시끄러운지는 전혀 중요하지 않게 된다. 온전한 이완 속에서는 실제 소음에 상관없이 고요함을 얼마든지 유지할 수도 있다.

그렇게 이완을 시작했고 그녀는 곧 마음의 방으로 갔다. 어둑어둑한 그 방엔 창문 밖으로 뿌연 먼지가 흩날리는 듯 보였고 가구가 잘 갖춰져 있었지만 왠지 마음엔 불안함과 두려움이 올라온다고 했다.

나는 그 느낌을 따라 역행을 진행했고 그녀는 정말 두려움과 충격의 혼란 속에 놓여있었다. 아니 그녀가 아니라 그가….

내담자: 저는 17살입니다. 지금 제 다리가… (고통스럽게 숨을 헐떡이며) 제 다리가… 아… 다리가 잘렸어요! (흐느끼며) 전쟁 중입니다. 지금 제 주변에 폭탄이 터지고 있어요. 저도 다리에 폭탄을 맞았습니다. 너무 고통스러워요!

영현: 알겠습니다. 이제 당신은 고통으로부터 점점 편안해집니다. 편안한 시점으로 시간이 흘러 멈추게 됩니다. 지금 당신은 어떤 상태인가요?

내담자: 결국 죽었습니다. 저는 이재성이라고 합니다. 군인이고요. 전쟁이 나기 전에는 그저 평범한 학생이었어요. 전쟁이 터지면서 바로 입대하게 되었어요.

영현: 이렇게 인생을 마감하게 되었는데, 지금 당신의 심경은 어떤가요?

내담자: (격앙된 목소리로 울부짖으며) 이건 잘못됐어요! 뭔가 단단히 잘못됐다고요! 인간들은 그렇게 살면 안 돼요! 신은 이렇게 살라고 세상을 만든 게 아닙니다! 우리는 잘못 살고 있어요. 난 더 오래 살았어야 했다고요! 다 뒤엉켜 버렸어! 이렇게 끝나면 안 됐다고!

나는 그 영혼이 울부짖는 절박한 절규를 진정시켜야만 했다. 그래서 바로 영혼들이 통찰할 수 있는 공간으로 이끌어 '신'이라는 상위존재를 접촉할 수 있도록 유도했다.

그리고 그녀는 곧 신의 에너지를 느끼며 점점 진정되기 시작했다.

내담자: (조금은 진정된 목소리로) 신의 에너지가 느껴집니다. 그의 에너지는 안정적이고 따뜻합니다.

영현: 이제 당신의 아픔을 이야기해 보세요. 그리고 신이 주는 따뜻한 조언을 느껴보세요. 당신은 얼마든지 그것을 선명하게 느낄 수 있습니다.

내담자: (잠깐의 침묵 후 조용하고 진정된 목소리로)
그것은 변수가 아니라고 합니다. 그저 인간의 체험일 뿐이라고 해요. 더 좋은 것을 알아가기 위해서… 더 좋은 것을 얻기 위해서요. 평화를 알려면 분쟁이 있어야 하듯이요.
결국 좋은 것과 나쁜 것은 서로 나누어져서 따로 존재하는 것이 아니라 하나로 존재합니다. 그러니 우리는 나쁜 체험 없이 좋은 것만을 가질 수 없습니다. 좋은 것을 얻기 위해서는 모든 체험을 받아들여야 합니다.

영현: 이것 또한 신의 큰 의도였다는 거군요. 그렇다면 우리는 어떻

게 살아야 하는 걸까요?

내담자: '저항하지 말라… 저항이 고통을 만든다….'

영현: 아… 네, 무슨 말인지 알 것 같습니다. 영혼으로서 당신의 이름이 있나요? 신은 당신을 뭐라고 부르고 있나요?

내담자: '루시아'라고 부릅니다.

영현: 루시아… 저항하지 말라는 신의 조언에 대해 당신은 충분한 이해가 되었나요?

내담자: 네, 모든 체험을 받아들이면 나중에 그 모든 가치와 원인을 저절로 깨닫게 됩니다.

영현: 좋습니다. 루시아… 물질적인 삶을 실질적으로 체험할 당신의 현재의식에게 영혼으로서 해줄 조언이 있을까요?

내담자: 겁내지 마. 전의 생들보다는 훨씬 부드러운 삶이 될 거야. 너무 불평불만 가지지 말고 더 많이 사랑하고 더 많이 행복하게 살아. 그리고 따지고 밀어내지 말고 받아들여. 그래야 평온해져. 항상 내가 같이 있음을 믿어. 그리고 정화를 꾸준히 계속해야 해. 이 삶에서 넌

세상이 결코 나쁜 곳이 아니라는 걸 비로소 알게 될 거야. 그리고 자신이 사랑받는 존재라는 걸 비로소 알게 될 거야.

우리는 이렇게 영혼을 향한 신의 지혜로운 메시지, 그리고 현재의식을 향한 영혼의 따뜻한 메시지를 안고 대장정의 작업을 마무리했다.

작업 내내 철저하게 준비된 잠재의식(영혼)의 계획과 의도가 아주 선명하게 느껴졌다. 그녀는 긴 고민 끝에 상담을 결정했다고 했지만 알고 보면 그녀의 잠재의식은 이미 오래전부터 이 작업을 계획하고 있었던 것 같다. 그러다가 내적 이완이 시작됨과 동시에 그동안 하려고 준비했던 모든 것을 빠르게 척척 풀어놓는 느낌….

그녀는 작업 후 이렇게 소감을 이야기했다.

내담자: 정말 굉장한 경험이었어요. 나는 그동안 정말 나를 하나도 모르고 살아왔어요. 이제야 내가 어떤 사람인지, 어떤 존재인지 알 것 같습니다.

그녀의 영혼은 수많은 인생의 체험을 고통으로 잃어왔다. 때로는 좋은 것에 대한 환상을 좇으며 체험을 잃었고 때로는 극심한 상처로 체험을 잃었다. 우리가 그 체험들을 외면하고 밀어내면서 잃어버릴 때 영혼의 시간과 그 가치도 함께 잃어버리게 된다. 그렇게 채워지지 않는 그 갈증과 결핍은 수천 년을 반복하게 된다.

신이 만든 체험에는 모든 것들이 있다. 애초에 그 속에 좋은 것, 나쁜 것, 깨끗한 것, 더러운 것의 경계는 없으리라. 물질을 살아가는 우리의 욕심과 분별이 그것의 선을 긋고 어떤 것은 격렬하게 저항하며 밀어내고 어떤 것은 격렬하게 집착하며 바라왔을 것이다. 그러니 모든 체험들이 온전치 않게 깨어졌을 것이다.

그녀의 영혼은 그 긴 윤회에서, 비로소 이제 그것을 제대로 채우려 하고 있다. 그 모든 것을 저항 없이 받아들임으로써 말이다.

나에 대한 깊은 이해가
자기 사랑으로

　40대의 이 내담자는 사회적으로 크게 성공한 전문직 여성으로 물질 세상에서 누릴 수 있는 것들은 이미 다 누리고 있는 듯 보였다.

　하지만 첫 상담에서 의외로 그녀는 그렇게 화려한 스펙과 사회적 위치, 외적 조건까지 다 갖추고 있으면서도 늘 마음으로 스스로가 작게 느껴진다고 했다. 겉으로 보이는 화려함과 달리, 자신을 사랑하고 신뢰하는 자존감은 늘 바닥이라는 생각을 하고 있었으며 이미 남부러울 것 없는 위치에 있으면서도 '더 열심히 해야 해. 아직도 부족해'라는 압박 속에서 스스로를 가혹하게 밀어붙이고 있다고 했다.

　그리고 이제는 이런 자신의 내면 상태에 대해 그 원인들을 제대로 좀 알고 싶어서 상담을 신청하게 되었다고 했다.

　최면의 깊은 이완으로 진입하고 우리는 곧 내면의 마음의 방에 다다를 수 있었다. 그 방은 좁고 어두운 색감으로 답답한 느낌을 들게 했다. 마치 지하에 있는 듯 창문도 없으며 잡초들이 무성한 바닥 위에서 그녀는 무기력함을 느끼고 있었다.

이 느낌을 따라 우리는 과거로 여행을 시작했고 그녀는 4살의 어느 기억 속으로 들어갔다.

내담자: 엄마와 공원에 와있어요. 엄마가 볼일이 있어서 따라왔어요. 공원엔 사람들이 많은데 엄마는 나한테 전혀 신경을 안 써요. 그래서 내가 엄마를 잃어버리지 않으려고 신경을 쓰고 있어요. 엄마는 어차피 나한텐 관심도 없으니까 내가 알아서 잘해야 해요.

영현: 4살은 또 무슨 생각을 하고 있어요? 기분은요?

내담자: 엄마 친구들이 다 나보고 예쁘다고 해요. 하지만 엄마는 거기에 관심이 전혀 없어요. 나는 엄마한테 예쁘다는 말을 듣고 싶은데 엄마는 나를 보지 않아요. 그래서 기분이 좋지 않아요. 난 혼자예요.

4살 아이의 감정과 그 생각을 따라 우리는 다시 과거로 이동했고 그녀는 곧 2살의 기억 속으로 들어갔다.

내담자: 아랫도리를 입지 않은 채로 방에 앉아있어요. 옆엔 엄마가 걸레질을 하고 있고요. 기분이 안 좋아요. (울먹이며) 내가 좀 전에 바지에 실수를 했어요. 엄마가 화가 나서 막 소리를 지르면서 닦고 있어요. 너무 부끄러워요. 그리고 맨피부에 닿아있는 바닥이 너무 차가워요. 난 정말 못난 사람 같아요.

2살 아이의 감정을 타고 우리는 다시 원인을 찾아 떠났고 그 과정에서 어떤 리딩이나 암시도 없이 자발적인 전생 역행이 일어났다.

내담자: 음… 어떤 마당에 있어요. 저는 한복을 입고 있고요. 뭐지… 어… 이상해요. 제 주변에 사람들이 저를 둘러싸고 있어요. 저는 좋은 비단 한복을 입고는 그 사람들 앞에 무릎을 꿇고 있는 것 같아요. 무슨 상황인지는… 잘 모르겠어요….

영현: 점점 이 모든 상황이 더 선명하게 이해될 겁니다. 당신은 왜 지금 그 사람들 앞에 무릎을 꿇고 있는 건가요? 그리고 당신은 몇 살인가요? 남자인가요? 여자인가요?

내담자: 전 16살 여자예요. 아… 사람들이 저에게 사실관계를 따지

고 있어요. 제가… 하면 안 되는 일을 했어요. 저는 신분이 높은데 만나서는 안 되는 낮은 신분의 남자를 좋아했어요. 그래서 사람들이 저를 추궁하면서 그러면 안 된다고 혼내고 있어요. 그리고 제 이름은 이… 홍… 엽입니다.

영현: 홍엽 씨… 이런 상황에서 지금 당신의 심경은 어떤가요?

내담자: 너무 부끄러워요. 앞으로 어떻게 살지… 무섭고 수치스럽습니다.

영현: 이제 당신의 시간은 점점 빠르게 흘러갑니다. 그리고 그 시간 속에서 당신의 인생에 중요한 순간이 있다면 멈추게 될 겁니다. 그런 순간이 없다면 우리는 시간을 타고 흘러가 당신의 임종에 다다르게 될 겁니다.

내담자: 저는 지금 임종을 앞두고 있습니다. 67살이고 혼인은 했습니다. 예전 그 일이 있고 결국은 제 신분에 맞는 다른 사람과 혼인했어요. 그리고 아주 평탄하게 잘 살았습니다. 예전에 제 마음과 제 행동에 대해서는 후회하지 않습니다. 다만 그것을 더 주의해야 했습니다. 그렇게 쉽게 세상에 들키지 않도록요.

이홍엽이라는 전생의 캐릭터는 안정적이고 복 많은 인생을 살아가면서도 내적으로는 시대에 억압당하지 않는 자유분방함을 가지고 있었던 것 같다. 그리고 한편으론 자신에 대한 확신과 소신으로 가득 차 있는 것이 느껴졌다.

하지만 참 아이러니하게도 이홍엽이라는 캐릭터에게 있던 이런 전반적인 자신감과 당찬 에너지보다, 16살 때 느꼈던 그 순간적인 압박감 그리고 그 속에서 느껴야 했던 죄책감과 무기력함이 이생으로 연결되어 흘러들어 왔다.

긴 인생에 아주 단편적인 해프닝이었음에도 그 한순간에 느꼈던 스트레스들이 트라우마가 되어 시간을 거슬러 다른 생에까지 영향을 주고 있었던 것이다.

아마도 이홍엽으로 살아간 그 인생은 전체적으로 너무나 편하고 순탄했으리라. 마치 새하얀 옷에 하나의 작은 티가 묻으면 그것이 더욱 도드라져 보이는 것처럼, 모든 것을 다 갖춘 그 인생에 일어난 그 해프닝은 하얀 옷에 묻은 작은 티처럼 강렬하게 도드라져서 다음 인생의 씨앗이 되었던 것 같다.

겉으로의 인식은 별일 아닌 듯 느낄 수 있지만 실제로 우리 무의식 깊은 곳에서는 어떤 순간에서 느꼈던 감정과 신념들을 수백 년, 수천 년 기억으로 저장하고 되새기고 있다. 참 살벌하게 말이다.

나는 정화를 일상화해야 한다고 많은 사람들에게 안내하고 있는데, 바로 이런 이유 때문이다. 현재의식이 잊었다고 해서 결코 사라진 것이 아니다. 현재의식이 괜찮다고 진짜 괜찮아진 것이 아니다. 우리의 무의식은 천 년을 어제 일처럼 생생하게 되새기고 있고 결코 그때 느꼈던 그 상처에 대해 괜찮다고 말하지 않는다.

하지만 우리는 이 살벌한 과정을 전혀 인식하지 못하고 살아간다. 이 망각 속에서 결국 내 인생이 내 뜻대로 흘러가지 않고 내 감정과 내 생각들이 오히려 나를 고통스럽게 괴롭히는 모순적인 악순환이 반복된다.

우리가 정화를 일상화하게 되면 그때그때 외적으로 들어오는 자극 그리고 그것으로부터 비롯되는 부정적인 감정과 생각들을 미리 해소할 수 있게 된다. 그날 생긴 상처는 그날 치유하고 그날 묻은 티는 그날 닦아내는 것이 가장 유리하다.

모른 척 무의식에 묻어놓고 아무 일도 없었던 것처럼 외부만 바라보고 살다 보면 결국 그 생 안에서 또는 다른 생에서 그 묵은 상처에 내가 다시 찔리는 반복이 일어나게 된다.

이제 우리는 드디어 이홍엽이라는 인생에서 만들어진 해프닝 같았던, 하지만 강렬하게 깊은 상흔을 남겼던 그 사건을 분리하고 정리했다.

전생을 들여다보면서 현생의 의식은 이홍엽이라는 인물에게 애착을 느꼈다. 저 당당한 모습이 참 좋다고 말이다. 하지만 전생은 좋든 나쁘든 분리되어야 한다. 서로 끈끈한 줄로 묶여있다면 그래서 모든 것이 자유롭지 못하다면 좋은 것도 아무 소용이 없다.

내가 사랑하는 사람이 있다고 치자. 그 사람이 좋아서 나와 끈으로 묶어놨다고 상상해 보라. 이 상태에서는 이 사람과 진정으로 아름다운 시간들을 공유할 수가 없다. 모든 행동에 제약이 따르기 때문이다.

전생도 마찬가지이다. 좋았던 전생이든 상처가 많았던 전생이든 내 안에서 마무리되고 그 집착이 끊어질 때 우주의 순리에 맞춰 가장 조화로운 결과의 현생이 드러나게 된다. 우리가 의식적으로 무엇을 붙잡고 가지려고 애쓸 필요가 없다.

좋은 것도 나쁜 것도 미련 없이 힘을 빼고 나의 공간을 비울 수 있을 때 진짜 영감적인 신비로운 에너지가 저절로 차오르게 된다.

어쨌든 이 전생을 잘 마무리하고 다시 유년 시절로 갔을 때 아이들은 편한 모습으로 바뀌어 있었다. 그녀의 인생에 묻어있던 이홍엽의 기억을 해소하니 저절로 유년 시절 기억들의 에너지도 편해진 것이다.

그 경험 자체가 사라지는 것은 아니다. 하지만 그 경험에 어떤 에너지를 묻혀서 보관할지는 얼마든지 달라질 수 있다. 그리고 그 사건이 중요하다고 우기면서 붙잡고 있을지 아니면 유유히 흘려보낼지는 얼마든지 선택할 수 있다. 그리고 이 선택이 우리가 할 수 있는 정화의 자유의지이기도 하다.

모든 경험은 일어난다. 좋은 경험도 나쁜 경험도 말이다. 그 경험 자체를 없애버릴 수는 없다. 그것을 천 년에 걸쳐 붙잡을 것인가. 정화하고 해방시켜 흘려보낼 것인가. 그것만이 우리의 선택이다.

작업을 마치고 다시 돌아온 마음의 방은 이제 더 이상 좁고 잡초로 가득한 차가운 방이 아니었다. 넓고 환한 빛이 들어오며 바닥엔 따뜻한 카펫이 깔려있었다. 스스로 자신을 대우하고 사랑하고자 하는 내적 변화가 그대로 드러났다.

각성 후 그녀는 동그랗게 눈을 뜨고는 이렇게 말했다.

내담자: 선생님, 도대체 이게 뭐죠? 전 전생을 할 생각은 전혀 없었거든요. 이런 게 정말 전생이 맞나요? 갑자기 너무 이상한 곳에 제가 있어서 저도 너무 당황스러웠거든요. 하… 아직도 얼떨떨해요. 그런데 전 이홍엽이 참 좋네요. 그 존재가 저였다는 사실이 꽤 괜찮아요. (웃음)

사실 그녀에게는 이홍엽의 당당하고 멋진 모습이 이미 존재하고 있었다. 그저 자신의 주눅이 든 부분을 더 신경 써서 초점을 맞추고 있었을 뿐이다. 그 초점으로부터 벗어나 자신을 보게 되면 비로소 이홍엽의 자유롭고도 당당한 그 모습 또한 자신에게서 보여질 것이다.

그리고 전생과 엮여있던 억압의 끈이 끊어지게 되면서 자유로운 흐름 속에서 이 모든 것들이 가장 자연스럽고 유연하게 조화를 이루며 드러나게 될 것이다.

분리는 결코 단절과 소멸을 뜻하는 것이 아니다. 분리는 진정한 통합과 취함이다.

다음 상담일이었다. 그녀는 자리에 앉자마자 미리 결심하고 온 듯 자신의 생각을 얘기했다.

내담자: 선생님, 전생도 재밌긴 하지만 이번 시간에는 현생에 대해서만 좀 집중적으로 다루었으면 합니다. 제가 일 중독과 성공에 대한 압박감이 있거든요. 전 그 이유가 제 유년 시절에 있다고 확신하기 때문에 유년 시절을 제대로 보고 정화하고 싶어요.

영현: 선생님, 잘 알겠습니다. 유년 시절에만 집중해서 해보도록 하죠.

사실 이 무렵, 앞장에서도 언급했듯이 자발적인 전생 역행이 거의 모든 내담자에게서 아주 강렬하게 일어나고 있었기 때문에 말은 이렇게 했지만 마음으로는 좀 신경이 쓰였다. 하지만 내담자의 강력한 의지인 만큼 나 또한 마음을 굳게 먹었다. 오늘만큼은 자발적 전생 역행이 일어나도록 내버려두지 않으리라. 그러면서 머릿속으로 오늘 작업을 어떻게 진행할지 계획을 세웠다.

'마음의 방에서 아예 역행을 하지 않아야겠어. 그냥 관련 파트를 불러서 파트 작업으로 진행을 해야겠어!'

사실 작업 전에 구체적인 계획을 정하는 것은 내 종합상담에 아주 낯선 풍경이다. 나는 결코 계획적으로 상담을 진행하지 않기 때문이다. 나의 상담은 철저하게 내담자의 잠재의식(영혼)이 이끄는 대로 흘러가도록 존중하고 있다. 하지만 나 또한 이번에는 자발적 전생 역행을 한 번 막아봐야겠다는 의지가 강하게 올라왔다.

우리는 그렇게 서로 결연한 눈빛을 맞추며 다짐을 하고 이완으로 들어갔다.

영현: 마음의 방을 느껴보세요. 어떤가요?

내담자: 어… 방은 아니고요. 긴 복도의 끝에 서 있어요. 복도 양옆으로는 여러 작은 방들이 있어요.

나는 순간 너무 놀라고 당황스러웠다. ISIP(ICS 영적 통찰 프로세스™) 과정에서 전생 기법을 다룰 때 전생으로 유도하는 시각화의 여러 방법 중 하나로 복도 기법을 쓴다. 긴 복도에 여러 전생 문들이 있고 그 중 열려있는 문으로 나가게 되면 지금 나에게 필요한 전생의 삶으로 들어가게끔 하는 것이다.

그녀는 최면을 배운 적도 없고 나와의 상담 전에 따로 전생 체험을 한 적도 없으며 당연히 ISIP 기법에 대해서는 아는 바가 전혀 없었다.

그런데도 마치 이것을 다 아는 사람처럼 전생으로 가는 길을 스스로 세팅해 놓고 있는 것이 아닌가. 그것은 마치 '너희가 뭐라고 해도 나는 전생을 보여줄 거야'라고 하는 그의 잠재의식(영혼)의 굳은 의지로 보였다. 나는 곧 깨달았다.

'아… 우리 둘의 현재의식이 했던 다짐이 잠재의식의 의도를 이길 수가 없구나.'

놀라움과 당황스러움 뒤에 곧이어 허무한 웃음이 픽 하고 나왔다. 어떻게 깊은 이완 상태에서 우리가 잠재의식의 흐름을 거슬릴 수가 있겠나… 참 괜한 의지였구나.

영현: 혹시 그 방들의 문들 중에 열려있는 문이 있는지 보세요.

내담자: 어… 왼쪽 두 번째 방의 문이 열려있어요.

영현: 자! 그럼 그 방 안으로 들어가 봅니다. 그곳에서 느껴지고 보이는 것을 얘기해 주세요.

내담자: 들어왔어요. 여긴 중세 수도원의 방입니다. 아… 제 방이에요. 제가 묵었던 제 방요. 그런데 이 방엔 아무것도 없습니다. 진짜 아무것도요. 자는 침대만 있을 뿐입니다. 그런데 마음이 자유롭습니다. 방은 협소하지만 지금 내 마음은 아주 충만해요.

영현: 당신은 남자인가요? 여자인가요? 그리고 몇 살인가요? 당신의 인생에 대해서 느껴지는 대로 이야기해 주시기 바랍니다.

내담자: 저는 27살 남자고요. 이 수도원에 들어온 지는 7년이 되었습니다. 저는 극도의 절제 속에서 살아가고 있습니다. 여기엔 내 소유가 아무것도 없어요. 소유할 수도 없고 소유할 필요도 없는 곳입니다. 그저 기도하고 청소를 하며 하루하루를 보내고 있어요.

영현: 자! 이제 당신의 시간은 흘러 임종으로 이르게 됩니다. 임종을 앞두고 있는 당신은 지금 나이가 어떻게 되나요?

내담자: 79살입니다. 부엌에서 바닥 청소를 하고 있어요.

영현: 어… 임종 직전이 아닌가요?

내담자: 맞습니다. 나는 청소를 하는 중에 생을 마감할 겁니다. 이 일이 나의 일이니까요. 내가 닦고 있는 바닥은 차갑지만 아주 깨끗해요. 이건 나를 기분 좋게 만들어 줍니다. 나는 아주 기분 좋게 생을 마감할 겁니다.

영현: 좋습니다. 이제 당신에게 특별한 손님이 와있습니다. 그는 현생에서 온 인격인데요. 당신과 아마도 어떤 부분에서 연결되어 있었을 겁니다. 오늘 그는 기꺼이 당신을 만나기 위해 이곳에 와있답니다. 그가 느껴지나요? 당신과 닮은 부분이 있어 보이나요?

내담자: 네, 보입니다. 한 가지 일에 매진하는 걸 좋아하는 게 저와 닮았네요. 다만 그 일의 종류만 다를 뿐이에요. 그리고 저 사람은 타인을 많이 의식하면서 일을 하고 있어요. 그러니 멋진 일을 하면서도 늘 불안한 겁니다.
저는 청소하는 삶이었지만 그 일을 열심히 하는 제 모습이 좋았습니다. 남들이 나이 들어서 청소를 한다며 수군거려도 저는 제가 부끄럽지 않았습니다. 저는 제 일이 만족스럽고 제 삶이 만족스러웠어요.

영현: 그 말을 현생의 인격에게 직접 해주시면 감사하겠습니다.

내담자: 남들이 뺏을 수 없는 것을 가져야 진짜 우월해지는 거야. 당신의 내면에 당신만이 가질 수 있는 것을 가져. 타인이 결코 손댈 수

없는 걸 말이야.

의지가 약해지려고 할 때 이기려고 애쓰지 말고 그냥 그 감정에 몸을 맡겨. 강물에서 그 흐름을 따라 흘러가다 보면 원래의 자리로 다시 돌아올 테니까.

최면 전 전생을 보지 말자고 다짐했던 그녀는 정작 전생의 인격에게서 이토록 멋진 메시지를 듣고 있었다. 전생의 그는 말 그대로 무소유의 인생을 살아온 순수한 존재였고 현실적인 성공 속에서 늘 갈증을 느끼는 현대인들을 향해 아름다운 메시지를 주고 있었다.

"남들이 뺏을 수 없는 것을 가져라."

이 말은 나에게도 깊은 울림이 되었다. 우리는 늘 타인과 나를 비교해가며 남의 떡이 탐나는 욕심 속에서 그리고 내 것이 줄어들지 모른다는 불안함 속에서 얼마나 아등바등하며 살아왔는가. 이것은 비단 그녀의 모습만은 아니다. 우리 모두의 모습이다.

그녀의 전생의 인격은 그런 모두를 향해 자신의 내면을 보라 한다. 타인을 바라보며 욕심과 위협이라는 착각 속에 빠지지 말고 나에게 집중하며 내 인생을 보라 한다. 그럴 때 어떤 것에서도 우리는 만족하고 편안할 수 있다고 말이다.

전생을 마무리하고 각성한 후 그녀는 참았다는 듯 말을 쏟아냈다.

내담자: 선생님~ 도대체 이게 뭐죠? 선생님이 전생으로 가라고 한 것도 아니고 저 또한 전생을 가려고 의지를 부린 것도 아닌데 도대체 누가 우리를 전생으로 이렇게 이끄는 거죠?

전 사실 선생님 강의를 들었을 때도 잠재의식(영혼)이라는 존재에 대해서 조금은 반신반의했었어요. 그런데 이제는 확신하게 되었어요. 지금 이 작업은 저도 선생님도 아닌 제 잠재의식이 이끌고 있는 거예요! 아… 정말로 신기해요.

그리고 이 전생은 저에게 참 많은 생각을 하게 만들었어요. 그 인생의 모습, 그 존재의 모습은 정말 제가 가슴 깊이 원하던 모습이었던 것 같아요. 가장 만족스럽고 가장 편안하고 안정적인 그 모습 말이에요. 그런데 선생님, 궁금한 것이 있어요. 보통 삶들이 반복되면 의식적으로 더 성숙해져야 하잖아요. 근데 왜 저는 오히려 그 전생보다 지금 진화가 퇴행한 것 같죠?

영현: 아니에요. 절대 지금의 인생이 진화가 퇴행된 게 아닙니다. 오히려 그 반대죠.

전생에서는 세속을 등지고 수도원에 들어갔잖아요. 수도원이라는 곳 자체가 세속하고는 비교할 수도 없이 단조로운 곳이죠. 소유할 수도 없고 소유가 의미도 없고… 잘날 필요도 없고 비교할 필요도 없고 가족과 인간관계에 깊은 고민을 할 필요도 없고요. 먹고살 생계 걱정도 없고… 그러니 비교적 무엇이든 힘을 내려놓기 편했을 겁니다. 그래서 깨달음을 얻기 위해 복잡한 세속을 떠나 종교의 품으로 들어

가잖아요.

그런데 선생님 인생은 지금 가장 치열한 전쟁터에서 무기를 내려놓으라고 하는 겁니다. 먹고 살아야 하고 사회적 인연들의 이해관계가 뒤섞여 있고 가족들의 안위를 늘 챙겨야 하며 온갖 예측불허 다양한 상황들에 노출되어 있는 이 전쟁터에서 선생님은 무기를 내려놓고 제대로 힘을 빼려고 노력하고 있는 거예요.
전쟁터처럼 느껴지는 이곳에서 나의 무기를 내려놓는다는 게 얼마나 힘들고 두려운 일인가요. 아마도 수도원에서 미리 연습하고 이제 진짜 선생님의 인생에서 실전에 돌입하는 걸 겁니다. 그러니 선생님의 인생이 훨씬 더 멋진 진화를 앞두고 있는 거지요.

내담자: (눈시울을 붉히며) 그렇게 보니 정말 제 삶이 대단하게 느껴집니다. 더 이상 제가 작게 느껴지지 않네요.

나는 수행자들의 삶이 때론 참 무섭게 느껴진다. 내려놓기 좋은 환경 속에서 내려놓기를 거부하고 욕심을 부릴 때 그것의 결과는 더 무겁고 더 잔인하게 나타날 것이기 때문이다.
신을 향해 더 가까워질 수 있는 고요한 환경 속에서 스스로 시끄럽게 인간사의 갈등을 반복한다면 그것에 대한 대가는 더욱 엄격하고 시끄럽게 나타날 것이기 때문이다.
그래서 나는 지금의 이 전쟁터 같은 세상이 참 좋다. 이곳에서 작은 것 하나를 내려놓을 수 있을 때, 이곳에서 내 욕심 하나를 발견하고 스스로 툭 하고 던져놓을 수 있을 때 그리고 이곳에서 작고 사소한 것에 만족하고 웃을 수 있을 때 우리는 큰 진화를 하게 될 것이다.

갈등 속에서 벗어나 맛보는 평화, 치열한 경쟁 속에서 각성하고 일어나는 평온, 넘쳐나는 물질 속에서의 작은 절제가 주는 보람. 이것의 가치를 나는 너무나 잘 안다.

다음 상담일이 되었고 우리는 이제 잠재의식(영혼)이 의도하는 곳으로 그냥 흘러가 보기로 했다. 오늘은 그녀의 잠재의식이 또 어떤 곳으로 우리를 이끌어 줄 것인가.

그녀는 마음의 방에서 어떤 기분이냐고 물었을 때, 직장에서 하고 있는 일과 자신의 위치에 대한 불안함이 조금 올라온다고 말했다.

'내가 일을 잘하고 있나? 내 위치가 흔들리지는 않을까?'

그 감정을 타고 역행했을 때 그녀는 초등학교 1학년의 기억 속으로 들어갔다. 1학년의 첫 수업에서 담임선생님을 처음 만나던 날, 선생님은 칠판에 자신의 이름을 썼다. 친구들은 다들 마치 그 글자를 아는 듯 고개를 끄덕였지만 정작 자신은 담임선생님의 이름을 읽지 못하고 있었다. 그 속에서 나도 똑똑해져야 한다는 부담감과 함께 글자를 못 읽고 있는 자신을 친구들이 눈치라도 챌까 봐 불안해하고 있었다.

그리고 다시 시간을 타고 과거로 역행했을 때 이번에는 4살 아이의 기억 속으로 들어갔다. 엄마는 4살 아이에게 시계 보는 법을 가르치고 있었는데 아이가 잘 이해를 못 하자 시계를 거칠게 내리치며 아이를 닦달하고 있었다. 그리고 이 상황에서 아이는 자신이 잘하지 못한 것에 대한 불안함과 무서움을 느끼고 있었다.

다시 이 감정을 타고 최초 원인을 밝히고자 역행을 시도했을 때 그녀는 현생의 유년 시절을 뛰어넘어 어느 시대 어느 삶의 30대 어른이 되어 있었다.

내담자: 저는 30대 남자입니다. 지금 감옥 같은 곳에 혼자 있어요. 허름하고 남루한 한복을 입고 있네요.

영현: 왜 그런 감옥 같은 곳에 있게 되었나요? 당신의 상황을 좀 더 자세하게 말씀해 주시기 바랍니다.

내담자: 전 미천한 신분이라 위에서 시키는 대로 살아갑니다. 저를 부리고 있는 집 주인들의 필요에 이용당하고 죄를 뒤집어쓴 채 지금 감옥에 갇혀있습니다.
저는 그냥 모든 걸 체념했습니다. 그냥 다 포기했어요. 제가 할 수 있는 것이 하나도 없어요. 나는 더 이상 아무것도 못 해요. 많이 맞아서 몸도 엉망입니다. 먹지도 못하고 상처도 아물지 않아서 지금 죽어가

고 있어요. 그냥 모든 것이 빨리 끝났으면 좋겠습니다.

영현: 당신은 이 삶에서 어떤 사람이었나요?

내담자: 아무 의미도 없는 아주 하찮은 사람이었습니다. 무능력한 사람이요.

현생의 일에 대한 불안함 끝에는 자신은 아무것도 할 수 없는 하찮은 사람이라는 깊은 전생의 신념이 꼬리표처럼 연결되어 있었다. 단 지금의 현생 인격이 한 전생으로만 만들어진 것은 아니다. 수많은 전생의 기억들이 뒤엉켜 또 다른 '나'라는 에고가 만들어진다.

현생에서 뭔가 인정받고 싶은 욕구 속에는 그것을 방해하는 또 다른 신념이 뒤엉켜 있었는데, 그것은 곧잘 일들을 잘하면서도 불현듯 '내가 잘할 수 있을까… 내가 잘하고 있나… 나 같은 하찮은 사람이…'라는 착각을 만들어 내면서 불안함 속으로 스스로를 밀어 넣고 있었다.

전생을 정리하는 과정에서 현생의 인격은 전생의 인격을 향해 이렇게 말했다.

내담자: 나는 당신이 좋아요. 당신은 절대 하찮지 않아요. 힘들고 억울했을 그 인생 속에서도 당신은 과묵하고 원망 하나 없네요. 저라면 결코 그러지 못했을 거예요. 전 그런 당신이 자랑스럽습니다.

현실적인 욕심이 많고 화려한 인생을 추구하는 것 같다고 애초에 자신을 소개하던 그녀는 참 신기하게도 정작 전생의 인격이 나올 때마다 어떤 인생을 살았든 어떤 모습이었든 상관하지 않고 진심으로 그 인격들을 좋아하고 공감하며 이해하려고 했다. 내가 옆에서 특별히 안내할 것도 없이 말이다.

그 인격들이 고집이 있으나 없으나, 능력이 뛰어나나 떨어지나, 그 인생이 성공했는지 아닌지 그 어떤 것도 따지지 않고 상관없는 듯 모든 인격을 향해 호의를 표하고 진심으로 좋아하는 마음을 전했다.

나는 그 모습이 참 예쁘게 보였다. 그녀보다 나이가 적은 내가 이런 표현을 쓰는 게 무례할 수도 있지만 정말 그 모습들은 예쁘고 순수한 소녀 같아 보였다. 정작 겉으로는 스스로 욕심 많은 사람이라고 하면서도 내면으로는 참 욕심 없이 자신을 바라보고 한결같이 꺄르르 웃으며 손을 잡아주는 그런 예쁜 사람이었다.

이런 자신의 모습을 그녀는 정작 모르고 살아왔지만 말이다. 잠재의식(영혼)이 이렇게 여러 개의 전생을 펼쳐놓은 이유 중 하나가 이런 자신의 예쁘고 순수한 모습을 스스로 깨닫기를 바란 건지도 모른다.

전생의 삶을 이해하고 마무리를 한 후 유년 시절로 다시 돌아왔을 때 그 아이들은 더 이상 불안함에 떨고 있지 않았다. 자신은 충분히 잘할 수 있다고 자신 있게 웃고 있었다.

이제 마지막 상담일이 되었다. 이 마지막 여정에서 어김없이 그녀는 자발적으로 전생을 여행하게 되었다.

17세기 유럽의 한 귀족으로 살았던 삶으로 가게 되었는데 그곳에서 그녀는 또 다른 자신의 기억을 펼쳐볼 수 있었다. 50대의 남자는 큰 성의 주인으로서 권위와 지위가 상당히 높은 사람이었다. 그는 외적으로 아주 완고해 보였으며 엄격한 인상을 가지고 있었고 그가 가진 높은 지위에 걸맞게 멋진 옷으로 잘 치장하고 있었다.

그는 혼자 정원을 거닐고 있었는데 늘 혼자인 것이 익숙해 보였다.

내담자: 사람들은 저를 무서워하고 어려워합니다. 그래서 아무도 옆에 없어요. 지금 제 삶은 꽤 외롭고 공허합니다. 하지만 어쩔 수 없어요. 이 큰 성을 지키고 유지하려면 엄격하게 해야 합니다.

우리는 그의 임종으로 향했고 이 삶에서 죽음을 앞둔 그를 다시 만났다.

내담자: 75세입니다. 혼자 있어요. 주변 사람들에게 나가라고 했습니다. 저의 흐트러진 모습을 보이고 싶지가 않아서요. 이번 인생은 잘 정돈된 삶이었어요. 외로웠지만 만족합니다. 다시 태어나도 이렇게 살고 싶고요.

제가 쌓아올린 걸 잘 지키고 싶어요. 제가 이루어 놓은 것들을 잘 정리하고 싶고 잘 돌보고 싶습니다.

그가 가진 이 신념은 고스란히 현생의 신념으로 연결되었다. 그녀는 전생의 그처럼 뭔가 주변을 늘 정리하려는 강박, 내가 이룬 것들을 지켜내야 한다는 긴장과 부담감을 전생의 그와 같이 늘 지니고 살아왔다고 한다.

그리고 현생의 그녀 또한 전생의 그와 똑같은 말을 했다. 그런 자신이 싫지 않다고. 그런 자신의 신념과 습관으로 사실 많은 것들을 지키고 이룰 수 있었다고 말이다. 그리고 또 하나 그 속에서 그녀도 전생의 그처럼 일생 외로움을 느껴왔다고 한다.

하지만 좋은 것도 결코 구속되어서는 안 되기에 우리는 이 전생의 연결고리 또한 마무리하고 정리했다.

나는 대장정의 상담을 마무리하기 위해 그녀를 순수한 영혼의 상태로 유도했다.

영현: 우선 우리의 작업을 이끌어 준 당신에게 감사를 표하고 싶습

니다. 당신은 영혼으로서 이름이 있습니까?

내담자: 네, 저는 헤르나라고 합니다.

영현: 평소 당신의 현재의식은 헤르나 당신과 늘 교감하기를 원했습니다. 오늘 당신이 현재의식에게 그동안 하지 못했던 메시지들을 전달해 주시길 부탁드립니다.

내담자(영혼): 너는 나에게 참 귀하고 예쁜 존재야. 그러니 모든 일에 자책하지 마. 나는 너의 모든 것들을 아주 재밌게 지켜보고 있어. 그저 물속에 떠있으면 돼. 아주 가볍게 힘주지 말고. 그럴 때 너와 나는 하늘색의 빛으로 연결되어 있게 되고 너는 모든 면에서 아주 안전하게 될 거야.

네가 이생에서 유일하게 챙겨야 할 것은 나를 보는 것뿐이야. 그리고 내가 너에게 많은 전생을 보여준 이유는 너의 오랜 선입견을 깨주고 싶어서였어. 넌 때때로 자신의 인생이 아주 바닥이었을 거라고 단정 짓더구나. 안 좋은 모습으로만 쭉 살았을 거라고 말이야. 하지만 그렇지 않아. 난 항상 후회 없이 인생을 살아왔어. 다만 모든 인생에 외로움이 조금씩 있었을 뿐이지.

그리고 이생에서 여전히 느끼고 있는 너의 그 외로움은 나를 만나기 위한 거였어. 그러니 외로움에서 벗어나려고 애쓸 필요 없어. 너는 그 외로움으로 나와 눈을 마주치게 될 거고 또 내가 누군지 알아볼 수 있게 될 거야. 하지만 다른 기대는 하지 마. 우리가 만나는 그 순간에 특별한 무언가가 일어날 거라는 기대 말이야.
그저 우리가 만나는 그 순간에는 아무것도 없을 거야. 아무것도… 그저 가장 고요하기만 할 거야.

잠재의식(영혼)의 애정이 어린 메시지를 온전히 받아들인 후 우리는 대장정의 상담을 마무리했다.

내담자: 선생님, 너무 감격스러운 시간이었습니다. 제가 좀 잘나고 예쁘죠?

이렇게 말하며 눈을 찡긋하는 그녀는 정말 환하게 빛이 났다.

영현: 네, 맞아요. 누가 뭐라 해도 그냥 가장 나답게 사세요. 예쁘게 어깨 펴고 사세요. '이게 나고 이게 내 인생이야!' 하면서요.

자존감을 회복한다는 건 나 자신을 진심으로 이해하고 사랑하게 된다는 것이다. 그녀는 이 긴 여정 속에서 자신의 많은 모습들을 만났고 그들을 이해하고 사랑하며 자신 안의 넓은 이해심과 따뜻한 사랑을 발견하게 되었다.

'아… 실은 나는 나를 참 아끼고 사랑하고 있었구나. 나의 모든 모습

에 대해서… .'

우리는 없던 사랑을 만든 것이 아니었다. 그녀 안에 분명 존재하고 있는 이해심과 따뜻한 사랑을 긴 여정 속에서 스스로 깨닫고 자연스럽게 드러냈을 뿐이었다.

여행은 사람을 성장하게 한다. 보지 못했던 자신의 깊은 장점들을 낯선 곳에서 종종 발견하게 되기도 한다.

그리고 이 여행에서 그녀에게 주어진 교훈은 아주 단순하고도 참 쉬운 것이었다.

"그냥 사랑하라. 나는 충분히 그럴만하다!"

윤회의 함정,
천 년의 습관

'ICS 정화와 소통'이 시작됐던 초창기에 강의를 참석하고 그 후로도 꾸준히 인연을 이어온 내담자에 대한 이야기이다. 처음 강의에 왔을 때 20대 중반이었던 그 내담자는 나이만큼이나 앳되고 여리여리한 사람이었다. 그리고 뭔가 툭 건드리면 와르르 무너질 것 같은 위태로운 표정과 금방이라도 서러운 눈물을 뚝뚝 떨어뜨릴 것 같은 겁먹은 아이의 눈빛을 하고 있었다. 그런데 참 신기한 것은 그런 모습을 보는데 한편으론 이런 생각이 강하게 드는 것이다.

'앞으로 크게 성장할 일만 남았네.'

그리고 수년이 지나 어느덧 30대 초반으로 접어든 그녀가 나에게 종합상담을 신청하였고, 그렇게 작은 상담실에 마주 앉아 다시 보게 됐을 때 그녀는 나에게 놀라움 그 자체로 보였다. 위태로웠던 표정은 한결 안정적으로 변해있었고 겁먹은 아이같이 마냥 여리고 서러워 보였던 눈빛은 또렷하고 강인하게 바뀌어 있었다. 그동안 꾸준히 해왔을 정화의 과정이 고스란히 온몸으로 드러나는 듯했는데 마치 그녀의 내면이 나를 향해 '저 그동안 열심히 해왔어요'라고 말하는 것 같았다.

그녀 또한 그동안 정화로써 스스로 많이 안정적으로 변했다는 것이 느껴진다고도 했다.

그녀는 어렸을 적 큰 트라우마 없이 꽤 안정적으로 사랑받고 잘 자랐음에도 불구하고 늘 사람들 속에서 불안함을 느끼고 주눅 들며 때때로 뭔가 극심한 피로감과 무기력함을 느끼곤 했단다. 그리고 무엇보다 타인의 감정 상태가 너무 선명하게 느껴져서 마치 자신이 그 사연을 직접 겪은 것처럼 감정에 연합되어 괴로울 때가 많았다고 했다.

그리고 이제는 그 이유들을 제대로 알고 싶어서 이렇게 종합상담을 신청한 것이라 했다.

이완으로 내면 깊은 곳에 다다르고… 그곳에서 그녀가 떠올린 마음의 방은 어두웠다. 그 어두운 방엔 창문이 있었는데 그 너머로 어두운 밤의 풍경이 보인다고 했다. 창문이 있다는 것은 외부와의 소통에 대한 의지가 있다는 것을 의미한다. 하지만 그 풍경이 밤이고 그것으로 인해 내 방 또한 어둡다는 것은 외부의 무엇 때문에 나의 내면이 직접적인 영향을 받고 있다는 것을 보여준다. 나는 세상과 잘 지내고 싶어서 순수하게 눈을 맞추려고 하는데 그럴 때마다 부정적인 외부의 에너지가 내 내면까지 흘러들어와 자신을 동화시켜 버리는 듯 보였다.

그녀는 딱딱한 나무의자를 만들어 앉았고 곧 외로움, 슬픔, 불안함

그리고 한편으로는 뭔가 미안한 죄책감 등의 감정들이 뒤섞여 혼란스럽게 느껴진다고 말했다.

우리는 그 감정들을 따라 내면 깊은 곳에 봉인되어 있었던 기억 속으로 여행을 떠났다. 먼저 우리가 다다른 곳은 고등학교 1학년의 교실이었다. 야간자습을 하고 있었는데 옆의 친구가 집안일로 슬퍼하고 있었고 그녀는 마치 친구의 감정이 자신의 감정인 양 그것을 고스란히 느끼면서 함께 슬퍼하고 있었다.

그리고 다시 더 깊은 과거로 역행했을 때 그녀는 6학년의 아이가 되어있었다. 학기 초를 시작하고 있는 그 아이는 교실 복도에 서서, 현재 자신에게 친구가 많이 없는 것에 대해 약간의 불안함과 초조함을 느끼고 있었다.

그리고 다시 역행을 통해 그녀는 유치원 시절로 가게 되었고, 놀이터에 앉아 흙장난을 하며 놀고 있었는데 옆에 같이 놀아주는 한 남자아이가 있긴 했지만 정작 자신이 원하는 친구들은 옆에 없다며 서러운 마음이라고 했다.

이것이 우리 여행의 끝은 아니었다. 이어진 역행에서 그녀는 생각지도 못한 모습으로 존재하고 있었다. 자발적인 전생 역행이 일어난 것이다.

내담자: 저는 지금 기도를 하고 있는 중입니다. 제사를 지내고 있거

든요. 저는 나라의 제사를 지내는 신녀입니다. 저는 이 나라에 아주 중요한 사람입니다. 많은 사람들이 저를 의지하고 있습니다. 나라의 제사를 지내고 또 사람들의 근심을 하늘에 청해 풀어주기도 합니다. 많은 사람들이 저를 무서워하고 있습니다. 왜냐하면 저는 꽤 무뚝뚝하고 권위적인 사람이거든요. 하지만 저의 역할 때문에 그럴 수밖에 없습니다. 사람들과 친근하게 지낼 수 없어요.

영현: 좋습니다. 이제 당신의 시간이 좀 더 빠르게 흐릅니다. 이 시간과 함께 당신은 어떤 중요한 상황에 멈추게 됩니다. 그리고 그 상황은 당신의 임종이 될 수도 있습니다. 자… 당신은 지금 어디에 있나요?

내담자: 저는 60대이고 임종을 앞두고 있습니다. 지금 마음이 많이 아픕니다. 사람들이 내 앞에서는 나를 존경하는 것처럼 대했지만 뒤에서는 나를 안 좋아하고 있었다는 걸 얼마 전에야 알게 되었거든요.

모든 게 제 탓입니다. 제가 잘못 살아왔어요.
이걸 미리 알았다면 대처를 했을 텐데 아무것도 모르고 살아오다가 마치 배신을 당한 느낌입니다. 잘못 살았어요.
신녀로서 존경도 못 받고 살았으니 나는 벌을 받아야 합니다. 사람들이 일생 나를 두려워했으니 나도 사람들을 두려워하면서 살아봐야 해요. 그래서 그들의 두려움을 알아야 합니다.

영현: 사람들이 당신을 두려워하고 싫어하고 있었다는 것을 알게 된 계기가 있었나요?

내담자: 네, 자신의 근심을 해결하기 위해 오랫동안 저를 찾아온 남자가 있었는데 끝내 일이 잘 풀리지 않았나 봐요. 그것을 제 탓으로 돌리면서 사람들에게 저를 헐뜯고 다녔다는 것을 알게 되었습니다. 그 사람은 제 앞에선 늘 친절하고 존경한다는 모습을 보였었거든요. 그래서 저는 그가 그렇게 하고 다니는 걸 정말 몰랐습니다. 너무 실망스러워요.

영현: 결국 그 한 사람과의 일인가요?

내담자: 네, 하지만 저에게는 너무나 충격이었습니다.

영현: 쉽게 남 탓을 하고 쉽게 남을 헐뜯고 다니는 한 사람 때문에

결국 당신의 모든 일생의 업적을 스스로 자책하고 계시네요. 당신은 신녀로서 열심히 하지 않았나요?

내담자: 열심히 했습니다. 나의 모든 인생을 바쳤어요.

영현: 신은 당신에게 사람들의 비위를 잘 맞추라고 하셨을까요? 신은 그 남자 한 명의 평가 때문에 당신을 나무라고 계실까요? 당신은 신녀이니 누구보다 신의 뜻을 잘 알 겁니다. 그 남자에게 귀를 기울이지 말고 당신에게 신녀의 의미를 내린 신의 뜻에 귀를 기울여 보세요. 지금 신은 이생을 마감하고 있는 당신에게 뭐라고 하실까요?

내담자: (눈물) 저는 신의 의무를 다했습니다. 정말 최선을 다했어요. 그리고 신은 저에게 잘했다고 칭찬하고 계십니다.

영현: 네, 당신의 그 느낌이 맞을 겁니다. 그리고 만약 당신에게 새로운 삶이 주어진다면 어떻게 살고 싶은가요?

내담자: 평범하게요. 남들처럼 세상 속에서 평범하게 일상을 누려보고 싶습니다.

스스로에게 늘 엄격했으며 평생을 허물이나 티 하나 없이 신녀로서 순수하고 투명하게 살아왔던 그녀였기에 죽음을 앞둔 시기에 접하게 된, 한 사람의 불만이 낳은 그 배신은 그녀의 인생을 다 휘저어 놓은 듯했다. 순수함을 추구하는 데 있어서 결벽에 가까운 그녀의 성격이 그것을 결코 용납할 수 없었던 것처럼 보였다.

영현: (현생의 의식을 향해) 선생님의 성향과 인생이 저 전생과 어떤 부분에서 연결되어 있었는지 알 것 같나요?

내담자: 네, 저는 스스로 벌주고 있었어요. 사람들에게 무섭게 행동했으니 나도 사람들을 무서워해야 한다고요. 그래서 늘 세상이 두렵게 느껴졌었나 봅니다. 그리고 한 사람의 행동을 마치 모든 이들의 것인 듯 오해하고 자책했던 게 안타깝습니다.

우리는 대부분 그 신녀처럼 살아가고 있다. 내가 가진 큰 장점도 어떤 한 사람의 평가로 인해 아주 쉽게 무너져 버린다. 나의 큰 가치도 어떤 누군가의 의미 없는 말 몇 마디로 순식간에 깨져버리기 일쑤다. 99가지를 가지고 살아도 한 가지 없는 것에 목숨을 걸며 평생 우울해하기도 한다. 마치 완벽하게 100을 채우지 않으면 아무 의미도 없을 것 같은 강박을 느끼면서 말이다.

우리는 당연한 것처럼, '신'만이 유일하게 우리의 삶을 심판할 수 있을 거라고 말하지만 실은 우리를 심판하는 존재는 '신'이 아니라 내 주위 사람들의 시선이다. 지나가는 사람이 나를 어떻게 생각할까, 직장 동료가 나를 좋게 생각할까, 커피를 주문하는데 뭔가 실수한 건 아닐까, 저 친구가 나를 무례하다고 생각하면 어쩌지, 사람들은 나를 무능력하다고 평가할지도 몰라 등등 매일 우리는 스스로 심판대에 서 있다.

우리는 그렇게 신이 아니라 사소한 모든 인연들에게 나를 평가하고 심판해 달라고 매달리고 있는 셈이다. 그 신녀 또한 정작 신의 칭찬은 외면한 채, 자기의 고달픔을 신녀 탓으로 돌리려는 한 사람의 말로 자신을 심판하고 그렇게 스스로에게 천 년의 벌을 주고 있었던 것이다.

그렇다면 그들이 나를 정말 제대로 평가해 줄 수 있을까? 그들은 각자의 사연과 고통 속에 갇혀서 사실 진짜 나를 보지 못하고 있다. 내가 그런 것처럼 말이다. 결국 그들 또한 자신의 깊은 상처를 나에게 투영하고 있고, 나를 보는 것이 아니라 그들의 마음, 감정, 신념, 기억들을 스스로 보고 있는 것이다. 그러면서 모든 상황에 '당신 때문이야'라는 아주 달콤한 말로 정당화시키면서 말이다.

그리고 또 한가지, 왜 그녀가 이생에서 유독 타인의 감정을 자기 것인 양 공감하고 함께 힘들어했는지에 대한 이유를 우리는 비로소 알게 되었다. 신녀로서 수많은 사람들의 근심 걱정을 안고 기도했던 것이 습관처럼 그대로 이생에 배어있었던 것이었다.

그렇다면 그녀는 그저 그 감정을 연합해서 고통스러워만 하는 것이 아니라 그것을 느끼고 잘 정화할 수 있는 능력까지 있는 사람이라는 뜻이기도 하다. 그 과정이 예전의 신녀의 방식일 필요는 당연히 없지만, 자신을 정화하듯이 느껴지는 타인의 감정 또한 정화하고 잘 흘려보낼 수 있을 것이다.

우리는 그 전생과 현생에 걸쳐 연결되어 있던 에너지를 잘 정리하고 돌아 나왔다.

영현: 선생님, 정말 선생님이 남들을 두려워해야 할 만큼 약한 존재일까요? 저는 선생님이 오히려 무서운데요? (웃음)

내담자: 아니요. 저는 알고 보니 참 멋지고 대단한 사람이었네요. (웃음)

영현: 이제 그만 천 년의 오해에서 벗어나세요. 타인의 시선이 아니라 선생님의 진짜 가치를 먼저 보세요. 그리고 이제는 스스로 보상해 주고 스스로 잘 대우해 주세요.
그리고 타인의 감정이 느껴진다면 그냥 정화하시면 됩니다. 미용고사 (미안합니다. 용서하세요. 고맙습니다. 사랑합니다)와 함께 유유히 흘러가게 두세요. 그럴 때 선생님의 정화 능력은 더 빛을 발하게 될 겁니다.

그 후로 그녀는 예전처럼 타인의 시선이 두렵지 않다고 했다. 그리고 자신을 위해 정성스럽게 식사를 준비하는 등 조금씩 스스로를 아끼는 것에 노력하기 시작했다고도 했다.

다음 상담일이 되었고 최면 상태에서 떠올린 그녀의 마음의 방은 환한 낮으로 바뀌어 있었으나 창문 너머의 풍경은 불투명해서 잘 보이지 않는다고 했다. 그리고 그녀는 뭔가 해야 할 것 같은 조급함을 느끼고 있다고 했다.

우리는 그 조급한 마음을 따라 시간을 거슬러 갔고 그녀는 유치원의 한 때로 들어갔다. 잔디에서 친구들과 뛰어놀고 있었는데, 어린 그녀는 빠르게 달리는 친구들의 속도를 따라가지 못해서 조바심과 초조함을 느끼고 있었다.

그리고 그 조바심은 다시 5살로 이어졌다. 친척들이 거실에 모여앉아 심각한 얘기를 나누고 있었는데 그건 자신의 부모님에 대한 친척들의 불만이었다. 이 상황에 부모님은 기분 나쁜 듯 표정이 좋지 않았고 그 옆에서 5살의 아이는 도망치고 싶은 초조함과 조바심을 느꼈다.

다시 한번 그 초조함을 가지고 역행했을 때 그녀는 의외의 상황에 처해있었다.

내담자: 큰 호수에서 헤엄치고 있는 중이에요. 헉헉… 저는 20살이고 여자입니다. 호수 건너편에 먹을 것을 구하러 갔다가 집으로 돌아오는 중이에요.

영현: 좀 더 시간이 흘러갑니다. 어떻게 되고 있죠?

내담자: 힘들어요. 더 이상 헤엄을 칠 수 없어요. 이상해요. 늘 잘 건너갔었는데… 지금은 몸에 힘이 빠져요. 더 이상 못하겠어요.
아… 저는 결국 호수에 빠져 죽었습니다. 뭔가 헤엄치는 중에 몸에 문제가 생겼던 것 같아요. 나를 기다리고 있을 부모님께 너무나 미안해요. 내가 수영을 좀 더 잘했다면 이렇게 허무하게 죽지는 않았을 텐데… 내가 더 노력했더라면….

영현: 안타깝네요. 만약 다시 태어난다면 어떻게 살고 싶나요?

내담자: 그저 평범하게 오래오래 살고 싶어요. 지금 내가 더 살지 못했던 만큼요.

아마도 그녀는 호수에서의 그 순간, 인생의 모든 힘을 쏟으며 살기 위해 발버둥 쳤을 것이다. '조금만 더, 조금만 더, 빨리, 빨리 건너야 해…' 그렇게 마지막까지 살기 위해 노력했던 그 절박함이 현생의 조

급함으로 결국 연결되어 왔다. 마치 내가 지금 뭔가 빨리 하지 않으면 죽기라도 할 것처럼 스스로 불안해하며 재촉해 왔을 것이다.

이제 이 전생의 절박함을 정리했고 그녀는 이제 정말 깨어나야 한다. 이 삶에서 더 이상 절박할 필요가 없다는 것을 알아차려야 한다. 이 세상은 생각보다 꽤 안전하고 꽤 여유 있다는 것을 받아들여야 한다.

상담이 끝난 후 그녀는 이런 말을 했다.

내담자: 저에게 이런 조급함이 있다는 걸 그동안은 거의 인식하지 못하고 살아왔어요. 최면을 통해 제대로 저 자신을 보게 된 것 같습니다. 그러고 보니 전 항상 만성적으로 조급했고 느긋하지 못했던 것 같아요. 뭔가 빨리 하지 않으면 불안했고요. 저런 전생이 있어서 그랬던 거군요.

다음 상담일이 되었고 우리는 다시 내면의 마음의 방으로 갔다. 그곳은 큰 창문이 나있었고 밖으로는 나무가 보였다. 한결 안정된 방이었다.

나무의자에 앉아 가만히 밖을 바라보던 그녀는 평온하면서도 마음속 한편으로 바르게 살아야만 한다는 기준에 대한 압박감이 올라온다고 했다. 그것은 마치 수행자를 향한 엄격한 기준처럼 단단하게 자신을 억압한 채 오히려 자신의 자유로운 한계를 스스로 막고 있는 듯한 느낌이라고 했다. 평소에도 '이렇게 살아야 하는데 넌 지금 잘못됐어' 등의 생각들을 자주 하며 스스로 자책하는 버릇이 있다고 한다.

우리는 그 느낌을 따라 원인을 찾아갔고 이생을 훌쩍 넘어 바로 전생으로 다다랐다. 10대 후반의 한 소년은 8살 때 부모님의 권유로 절에 출가하게 되었고 절에서 열심히 기도하고 있었다.

영현: 부모님이 왜 어린 당신을 출가시켰나요?

내담자: 좋은 사람이 되라고 지금의 스승님에게 보냈습니다. 지금 제가 모시고 있는 스승님은 아주 현명한 분이에요.

영현: 당신은 그곳의 삶이 만족스러운가요?

내담자: 힘들어요. 하지만 잘하고 있습니다. 공부도 열심히 하고 기도도 열심히 하고 있어요.

영현: 본인을 출가시킨 부모에 대한 원망은 없나요?

내담자: 이 나라에서 스님은 선망받는 자리입니다. 그래서 부모님을 원망하지는 않아요. 오히려 고마움이 더 크죠.

영현: 자! 이제 당신의 인생에 시간이 점점 빠르게 흘러가기 시작합니다. 그리고 우리는 곧 당신의 임종에 다다르게 됩니다. 당신은 지금 몇 살인가요?

내담자: 100살입니다. 저는 이미 죽어서 관에 누워있습니다. 제 죽음을 추모하기 위해 제 주변으로 아주 많은 사람들이 모여있어요. 힘들었지만 아주 뿌듯한 삶이었습니다. 잘 살았고 잘 해왔습니다.

영현: 후회되는 것은 없나요? 다시 태어난다면 어떻게 살고 싶은가요?

내담자: 더 이상 수행자로서 살고 싶지 않습니다. 충분했어요. 이제는 그저 해맑게 뛰어노는 삶을 살고 싶어요. 어릴 때 재밌게 놀아보지 못했거든요.

영현: 그렇다면 당신은 다음 생의 누군가가 당신처럼 엄격한 기준으로 살기를 바라지는 않는다는 건가요?

내담자: 네, 그저 해맑게 재밌게 살기를 바랍니다. 그 속에서도 얼마든지 고요할 수 있고 얼마든지 조용히 기도할 수도 있어요.

자신을 향해 엄격했던 그 기준은 비단 신녀였던 전생뿐만 아니라 스님으로서 살아왔던 인생의 습관에서 비롯된 것이었다. 늘 영성적으로 올바른 길을 가야 할 것 같고 자유롭고 편하게만 살면 안 될 것 같은 그 기준들 말이다.

하지만 영적으로 성숙해지는 삶은 결코 엄격한 기준에서 만들어지지 않는다. 낡은 오해와 습관에서 비롯된 기억의 기준은 오히려 자유롭고 순수한 영적인 에너지를 억압으로 왜곡시켜 버린다.

지금 주어진 경험에 가장 조화롭게 스며들어 힘을 뺄 때, 저항하며 힘을 주는 것이 아니라 모든 것을 허용하고 체험으로 그 가치를 즐길 수 있을 때 우리는 어떤 모습을 하며 살아가든 상관없이 누구나 영적인 삶을 살 수 있게 된다.

지금 그녀는 결코 수행자가 아니다. 신녀도 스님도 아니고 아주 자유로운 인생 속에 있다. 그러니 이제는 그 자유로운 삶을 온전히 받아들이고 여유 있게 즐길 때 오히려 그녀의 진짜 능력들이 드러나게 될 것이다. 이 삶 속에서 신녀일 필요도 없고 스님일 필요도 없다는 것을 이제는 깨달아야 한다.

어느덧 마지막 상담에 이르게 되었다. 마지막 상담에 걸맞게 그녀의 마음의 방은 상당히 안정되어 있었다. 스스로 창문을 열어 나무가 울창한 풍경을 적극적으로 보고 있었으며 적당한 가구가 잘 갖춰진 방은 평화로워 보인다고 했다.

하지만 그녀는 마음속 깊은 곳으로부터 막연한 슬픔이 느껴진다고 했다. 그리고 그 원인 모를 슬픔은 살면서 때때로 느껴왔던 익숙한 감정이라고 했다.

우리는 그 슬픔을 따라 시간을 거슬러 갔고 이내 그녀는 현생을 뛰어넘어 어느 과거의 생으로 가있었다.

내담자: 저는 30살 여자입니다. 지금 제 집에 있고 주변에는 가족들이 있어요. 저는 아들에게 밥을 차려주고 청소를 하고 있는 중입니다. 저희 아들은 학교를 다니고 있어요. 저는 바쁘고 힘든 하루를 보내고 있어요. 집안일이 할 게 너무 많거든요. 아… 그리고 여긴 한국입니다. 제법 근현대적인 느낌이에요.

영현: 좋습니다. 이제 당신의 시간이 빠르게 흐르고 우리는 곧 당신의 임종으로 가게 됩니다. 자! 당신은 몇 살인가요?

내담자: 30살입니다. 교통사고로 갑작스럽게 죽어요. 너무 갑작스러워서 당황스러워요. 남편과 자식들이 있고 내가 해야 할 일이 아주 많은데… 힘들지만 내가 꼭 해야 할 일이었는데… 빨리 다시 태어나서 만회해야 해요. 내가 삶에서 해야 했던 일들을 빨리 해야 해요.

이 전생은 지금 현생과 꽤 가까운 과거로 보였다. 마치 그 생이 끝남과 동시에 바로 환생을 한 것처럼 말이다. 갑작스러운 죽음을 맞이한 그녀의 영혼은 마치 숙제를 이어서 하듯 쉴 틈 없이 다음 인생을 계획하고 물질 세상에 온 듯했다.

최면상담의 여러 회기 동안 한 내담자에게서 여러 전생이 종종 나오곤 하는데 그렇게 여러 개의 전생을 보다 보면 지금 현생에서 꽤 가까운 전생들이 등장하기도 한다. 일제 강점기나 더 가까운 6.25 전쟁 때 등 말이다. 이렇게 연이어 환생한 경우 내담자들은 대부분 동일한 고통을 호소한다.

그것은 원인을 알 수 없는 극심한 정신적, 육체적 피로감이다. 그들은 어릴 때부터 자신이 산다는 것에 이미 지쳐있었다고 표현한다. 일상에서 많은 에너지를 소모해야 할 일이 아님에도 그들은 극단적으로 지치고 피로감을 느끼곤 해서 그럴 때마다 마음으로 수없이 이렇게 되새기게 된다.

'벗어나고 싶어… 너무 지쳤어… 사라져 버리고 싶어….'

그리고 최면 상태에서도 그 깊은 피로는 여실히 드러나는데, 이런 내담자의 경우 윤회 자체를 더 이상 하고 싶지 않다고들 종종 표현한다. 더 이상 삶을 반복하고 싶지 않다고 말이다.

이는 어찌 보면 아주 당연한 현상이다. 여행을 갔다 왔는데 여독을 풀 휴식 시간도 없이 집에 오자마자 다시 바로 짐을 꾸려서 먼 여행을 떠난다고 생각해 보라. 이 얼마나 피곤한 일인가. 하지만 이렇게 강행군을 하는 데는 영혼의 어쩔 수 없는 의도가 있으리라.

　그녀의 경우 전생들에서 공통된 부분이 있었다. 그것은 평범한 삶을 제대로 살아보지 못했다는 것이다. 신녀로서 특별한 위치에서 살아가야 했기에 평범함과는 거리가 멀었고 늘 엄격한 기준 속에 스스로의 삶을 가두게 되었다. 그리고 스님으로서 또다시 평범할 수 없는 자리에서 절제된 생활 속에 살아왔었고 그나마 평범하게 태어난 삶에서는 갑작스러운 죽음으로 그것을 제대로 누리지 못한 채 끝이 나버렸다.

　또한 내면과 정신적인 것에 치중해야 했던 영적인 삶이 짙었던 만큼 세속적인 삶에서의 적응이 결코 쉽지는 않았을 것이다. 그것은 낯선 여행이었기에 더 피로하고 마치 낯선 행성에 홀로 떨어진 듯 외롭고 적응하는 데 힘들었을 것이다.

　그렇게 보니 과거 그녀의 위태로워 보였던 모습이 비로소 공감되었다. 얼마나 혼자 고군분투하고 살아왔을까… 세속적인 평범함에 적응하기 위해서 말이다.

또한 갑작스러운 죽음의 삶들은 곧 인생이 안전한 곳이 아니라는 위협적인 두려움으로 뿌리 깊이 남았을 것이다.

이 영혼의 목적은 평범한 체험을 온전히 누리는 것이리라. 하지만 전생의 고리에 발이 묶인 상태에서는 결코 그 체험들을 자유롭게 누릴 수 없다. 기억에 발이 묶인 채로 무엇을 제대로 할 수 있을까.

이 짙은 기억의 에너지로부터 서서히 해방될 때 영혼의 길이 점점 드러나기 시작한다. 영혼의 의도와 함께 흔들림 없는 방향을 잡아나가기 시작한다.

그녀의 영혼이 가리키는 방향은 평범함을 누림으로써 그 균형을 맞추는 것에 있는 듯했다. 하루하루… 모든 일상의 체험을 온전히 자유롭게 당당하게 누리는 것, 전생의 이들이 하지 못했던 그 사소하고도 특별한 일상을 누리는 것, 그것이 이 삶의 가장 가치 있는 방향이리라.

전생을 마무리한 후 영혼의 입장에서 현재의식에게 조언을 구했다.

내담자(영혼): 나는 네가 이 삶에서 힘든 체험을 많이 했으면 좋겠어. 갈등, 공부, 일, 사소한 고민들 말이야. 쉬는 건 영혼의 차원에서 하는 거야. 삶은 체험을 위해 가는 거고. 물질의 것들을 치열하게 느껴봐. 그것이 성장으로 이어질 거야.

이것은 마치 건강해지기 위해 힘든 운동을 하는 것과 같아. 그 고통들은 진짜 고통이 아니야. 힘들지만 꽤 재미있고 가치 있는 일들이지.

그리고 힘든 것만 있는 것도 아니잖아.

너는 모든 것을 이겨낼 침착함과 끈기가 있어. 다만 서두르지 마.
가장 빠른 속도로 가기 위해서 속도를 늦춰. 급하게 하는 것은 진짜
속도가 빠른 게 아니야. 오히려 더 느려지지. 천천히 여유 있게 갈 때
네 인생은 가장 빨라질 거야.
그리고 고민하지 말고 거창한 것을 바라지 말고 그냥 하고 싶은 것들
을 그때그때 하고 살아.

각성 상태의 그녀와는 사뭇 다르게, 그녀의 영혼은 부드럽지만 선명한 어조로 많은 조언을 해주었다. 특히 인생의 속도에 대한 이야기는 참 인상적이었다.

많은 것을 하려고 하면 인생이 줄어든다. 빨리 가려고 서두를 때마다 인생의 시간은 그만큼 빨리 사라진다. 한순간 한순간을 놓침 없이 천천히 음미하고 여유 있게 누릴 때 인생의 규모는 커지고 인생의 시간은 늘어난다.

다음은 상담 후 그녀가 나의 블로그에 직접 올린 후기를 일부 발췌한 것이다.

이영현 선생님의 거의 초창기 강의부터 수강했기에 선생님을 알게

된 지는 오래된 것 같은데 깊은 대화를 나눌 기회가 많지는 않아서 선생님과 오랜 시간 단둘이 대화를 나누는 것부터 사실 신기하고 좋았습니다.

최면의 장면을 해석하시고 최면 기법을 적재적소에 적용하시는 모습에 신기하고 감탄스럽기도 하였고, 회차마다 최면이 끝난 후 말씀해 주시는 조언들은 깨끗한 눈처럼 잘 흡수되어 비교적 실천이 잘 되었던 것 같습니다.

제가 상담에 가져간 주요 고민은 '인간관계'로, 사람을 대면하는 것이 두려울 때가 많은 것이었습니다.

제 머릿속의 생각과는 무관하게 어떤 사람은 두렵지 않고 어떤 사람은 두렵기도 했는데 이는 대게 상대방에게서 풍기는 기운이 기준이 되었다고 생각합니다.

총 5회의 세션 동안 잠재의식이 올려주는 감정을 따라 태아 시절로 가기도 하였고, 기억도 잘 나지 않는 어린 시절로 가기도 하였으며, 자발적으로 총 4번 전생으로 역행하기도 하였습니다.

제 고민의 특이점 중 하나는 생각과 무관하게 버거운 감정이 올라올 때가 많았고, 제가 느끼는 버거운 감정에 비해 제 현생에 큰 트라우마가 있지는 않았다는 것이었는데, 그래서인지 전생의 장면으로 많이 갔던 것 같습니다.

최면 상태에서 본 전생에서 저는 고대의 여제사장이었다가 유럽 중

세 시대의 평범한 소녀이기도 했으며, 인도의 수행자였다가 가장 최근의 전생에서는 한국에서 젊은 가정주부로 살다가 단명하기도 하였습니다.

각 장면은 모두 잠재의식이 지금 저에게 가장 전달하고 싶은 메시지를 담고 있었거나 가장 빨리 해소했으면 하는 감정을 지니고 있었다고 생각합니다.

여러 생을 거쳐 통찰을 한 후, 예전과 다르게 저 자신을 좀 더 챙기게 되었습니다. 집에 필요한 물품들도 구매했고, 가격이 조금 나가더라도 건강하고 맛있는 음식도 사 먹었습니다.

더불어, 무엇인가를 판단할 때 기준을 타인이 아닌 저 자신에게서 먼저 찾아야겠다는 다짐도 새기게 되었습니다.

거의 매일같이 조급함과 함께하던 출근길이 조급하지 않게 되었습니다. 사실 조급함이 얼마나 저에게 큰 과제였는지 잘 알지 못한 채 살아왔는데 모든 세션이 끝난 후에야 조급함이 정화하는 데 있어 큰 장애물이었다는 각성을 하게 되었습니다.

조급함 자체가 두려움이나 수치심 같이 제가 저 자신을 싫어하게 만들지는 않았거든요. 그런데 생각해 보니 조급함 때문에 제가 감정을 잘 해소하지 못하고 있었습니다. 저는 감정을 알아채는 것은 잘될 때가 있었으나 큰 덩어리의 감정이 모두 사라질 때까지 계속해서 바라보는 것은 잘 못 하고 있었습니다. 왠지 모르게 이보다 더 급한 일이 있는 것만 같아 감정을 분리한 후에도 남은 감정은 그냥 무시하고 다른 볼일을 보곤 했어요. 이제 이를 알아채고 천천히 감정을 잘 느껴주려고 합니다.

신녀나 스님의 전생을 보면서, 이번 생에는 정신적인 수행보다 내 몸을 느끼고 단련하며 보살피고, 올라오는 감정을 그저 판단 없이 느껴주는 것에 더 집중해야 하지 않을까 하는 생각이 들었습니다.

그리고 마지막 전생에서, 현생과 연결된 인연의 줄을 형상화하고 이를 잘라내는 작업을 했는데 다른 전생과 달리 이 전생에서는 그 줄이 무려 쇠사슬 형태로 떠올랐고 이를 잘라내니 가슴 깊이 시원해짐을 느꼈습니다.

마지막 상담에서는 이번 생에서 죽기 직전인 미래로 간 뒤 인생을 되돌아보는 작업도 하였고, 영혼이 되어 대화를 나누기도 하였으며 제가 태어난 이유와 대략적인 삶의 목표를 살펴보기도 하였습니다.

사소하지만 기억에 남는 것으로는, 전생 체험 동안 한 번도 당시 삶에서의 제 이름을 알려주지 않던 잠재의식이, 잠재의식의 이름은 묻자마자 '우팔라'라고 선명히 알려주었던 것이 인상적이었고, 당시 선생님께는 말씀드릴 기회가 없었지만 제 영혼이 고향별에 가자마자 익숙한 듯 어떤 연못을 찾아가더니 다른 챕터로 넘어갈 때까지 계속 그 안에서 좋은 기운을 채우던 것이 신기했습니다.

지금 저는 상담 전보다 사람에 대한 두려움이 많이 줄어들었고 동료들과 대화도 편해졌습니다. 어떤 동료는 요즘 제가 밝아졌다며 저한테 좋은 일이 있느냐고 물어보더라고요.

조급함도 이제 압도되지 않고 자각하는 편입니다. 어떤 경우에는 감정과 그리고 감정이 일으키는 상황을 직접 마주하며 깊은 체험을 하는 것이 더 이로울 때도 있겠지만, 어떤 경우에는 점프를 하듯 정화에 가속도를 내는 것이 필요할 때도 있다고 생각합니다.

묵은 감정을 살아가며 조금씩 정화하느라 힘이 들곤 했는데 최면 세션으로 크게 전환이 된 것 같습니다. 상담을 받는 동안 오로지 제가 잘되었으면 하는 선생님의 마음이 많이 느껴졌습니다. 더 재미있고 지혜롭게 살아가겠습니다. 감사합니다!

'완벽'에 대한 오해

늘 열심히 살아가면서도 뭔가 부족한 듯한 느낌을 받아왔다는 한 내담자의 사례이다. 그녀의 마음의 방은 밝으며 큰 창문 밖으로는 예쁜 꽃밭이 펼쳐져 있었다. 고풍스러운 의자에 앉아 여유를 즐기나 했는데 그녀는 의외의 기분을 이야기했다.

내담자: 편하지는 않아요. 고민이 느껴져요. 음… 그것은 망설임이기도 해요. 밖에 나가서 돌아다니면서 즐기고 싶은 마음이 있는데 이상하게 망설여져요. 나가야 하나 말아야 하나 이 고민이 불편해요. 그런데 익숙한 느낌입니다. 늘 이런 고민을 안고 살았던 것 같아요.

그녀는 연령 역행으로 태아 상태가 되었고, 그 태아는 세상 밖으로 나가야 할지 말지를 고민하고 있었다. 그 이유는 나가봤자 사랑받지 못할 것 같아서라고 했다.
이 지점에서 그녀는 자발적인 전생 역행을 했고 나는 그 전생의 패턴에 연결된 몇 개의 전생을 더 분석했다.

내담자: 10대 후반의 유럽에 살고 있는 여자예요. 옆에 여자친구가 있어요. 우린 아무 말도 없이 하염없이 함께 강을 쳐다보고 있어요. 우린 사실 마음으로 사랑하는 연인입니다.

하지만 아무것도 할 수가 없어요. 세상이 우리를 받아줄 수 없기 때문에 우리 관계는 이렇게 막혀있습니다. 아무것도 서로 표현하지 못하고… 그저 안타깝고 답답해요.

내담자: 저는 20대 후반의 미국에 살고 있는 흑인 남자입니다. 오늘은 비가 오는 날이고요. 지금 이곳은 시장통입니다. 저는 이곳에서 여러 가지 일을 하고 있어요. 특히 시장에서 일을 하고 있는 많은 흑인들의 더 나은 삶을 위해서 조합을 만들고 있죠. 의욕이 넘칩니다. 우리 조합에는 백인들도 있어요.

그런데 한편으론 두렵기도 합니다. 많은 사람들이 저에게 의지하며 믿고 있는데 결국 내가 흑인의 신분이니 막상 실속 있는 결과를 만들기가 어려울 겁니다. 아무래도 안될 것 같아요.

내담자: 저는 21살의 여자고요. 동양인이고 누더기 옷을 입고 있습니다. 우리는 동굴에서 무리를 지어 살고 있는데 저에게는 4살 된 딸이 있습니다. 하지만 얼마 전에 아이 아빠가 죽었어요. 그래서 너무 슬픕니다. 여자의 몸으로 혼자 어떻게 아이를 키워야 할지 막막하고요.

전생 분석을 해본 결과, 이 전생이 패턴의 마지막 생이었고 그래서 이 전생의 흐름과 임종까지 살펴봤다.

내담자: 우리 무리들은, 주로 남자들은 밖에서 먹을 것을 구해오고 여자들은 동굴 속에 남아서 아이들을 돌봐요. 그런데 저는 남편이 없어서 다른 사람들이 구해온 것들을 겨우 구걸해서 살고 있어요. 너무 무기력합니다. 매번 가만히 앉아서 얻어먹기만 해야 하니까요. 내가 나갈 수 있으면 좋으련만 차마 용기가 생기질 않아요. 여자인 내가 밖으로 나가면 다른 사람들이 눈치를 줄 것 같고 또 막상 나가서 잘할 자신도 없고요. 답답합니다.

우리는 그녀를 임종으로 안내하고 영혼 통찰을 유도하기 위해 시간선(ISIP 기법)으로 이동했다.

영현: 당신이 영혼으로서 이 패턴의 삶을 시작했던 이유가 무엇이었나요? 당신은 이 삶으로 무엇을 체험하고 배우기를 원했던 건가요?

내담자(영혼): 틀을 깨지 못하면 평생 그 틀 안에 갇혀서 원치 않는 경험을 반복하게 됩니다. 그래서 의식은 그 틀을 인식해야 합니다. 그 틀을 인식하고 그것으로부터 스스로 나와야 해요.

하지만 대부분의 의식들은 아주 오랫동안 스스로가 만든 한계의 틀 속에 갇혀있습니다. 그것을 만든 것도 그것을 깨는 것도 모두 자신이라는 것을 알아야 합니다.

그리고 나는 이생에서 드디어 그 틀을 벗어날 겁니다. 여전히 현재의식은 주저하고 있지만 이 세션을 통해 그는 자신의 틀을 인식하게 될 거고요. 그리고 씩씩하게 그 틀을 깨고 나올 겁니다.

나는 영혼의 메시지에 더해 신에게도 조언을 부탁했고 그녀는 신의 메시지를 나에게 이렇게 전달해 주었다.

내담자: 신은 이렇게 말씀하세요. 그 틀은 아주 쉽게 깰 수 있다고요. 그저 손가락 하나로도 아주 쉽게 무너뜨릴 수 있을 정도로 실은 허술하다고요. 그러니 쉽게 하라고 하세요.

영현: 선생님 잠재의식의 메시지도 들었고 신의 조언까지 들었는데요. 선생님은 어떠세요? 이 부분들이 충분히 이해가 되나요?

내담자: 사실 저는 늘 완벽하지 않다고 생각하며 살아왔어요. 내가 늘 부족하다고 생각했기 때문에 망설였던 것 같아요. 이 부분에 대해

서 제 잠재의식에게 더 조언을 구하고 싶네요.

나는 그녀의 요청에 그녀를 더욱 깊은 이완으로 유도한 후, 그녀의 잠재의식에게 한 번 더 조언해 달라고 부탁했다.

내담자(영혼): 너는 늘 완벽과 완성을 꿈꾸면서 살았어. 완성과 완벽을 이룬 어딘가가 있을 거라고 믿고 모든 순간들의 그 과정을 무료해했지.
하지만 애초에 완벽과 완성은 없어. 애초에 너는 그 어떤 삶에서도 부족했던 적이 없어. 그건 너의 생각이었을 뿐이야. 넌 늘 있는 그대로 완벽했고 늘 완벽한 순간에 존재했어.

주위를 둘러보며 살아. 모든 사람들, 모든 세상, 모든 너의 주변을 말이야.
앞만 보며 달리지 마. 완성을 향해서만 달리지 마. 이미 모든 게 완성되어 있고 다 너에게 완벽하게 맞는 순간들이었어.
머릿속으로만 세상을 봤다고 생각하고, 감사하다고 생각하지 말고 진짜 소통을 하고 교감을 해봐. 진짜 소통은 생각으로 하는 게 아니야. 생각과 감정을 내려놓고 아무것도 없이 그들을 바라봐. 그럴 때 진짜 그들이, 세상이, 주변이 보이게 될 거야.

모든 통찰을 마치고 태아로 돌아갔을 때 태아는 세상을 향한 호기

심에 가득 차있었다. 나가서 본인이 충분히 잘할 수 있다며 자신만만해 하면서 말이다. 그리고 마음의 방으로 돌아왔을 때 그녀의 방문은 활짝 열려있었다. 그리고 그녀는 조금의 망설임도 없이 밖을 향했다.

상담이 끝나고 수일이 지난 후 그녀에게 다음과 같은 피드백이 전해졌다.

내담자: 선생님 상담을 통해 말로 표현할 수 없는 통찰의 '앎'이 있었어요. 그것은 단순한 통찰이 아니라 말 그대로 어떤 '앎'이었어요. 그냥 저절로 알아지더라고요. 모든 체험이, 부정적이라고 여겼던 경험, 내 부모님의 단점들, 내 유년 시절의 상처들까지도 그 모든 게 나에게 완벽하게 맞는 거였어요.
이 느낌은 정말 말로 표현할 수 없을 정도로 경이롭네요.

불안함의 진실

최면상담을 통해서 자신에 대해 좀 더 자세히 알고 싶다며 나를 찾아온 내담자의 사례이다.

그의 마음의 방은 밝았으며 한 벽면을 차지하는 커다란 통유리 밖으로는 잔디밭이 보였다. 그리고 방안에는 책상과 나무의자가 있었는데 그 의자에 앉으라고 했을 때, 그는 나무의자가 작고 딱딱해서 불편하다고 말했다. 마치 이 의자에서는 바른 자세로 앉아야만 할 것 같은 느낌이 든다며 말이다.

영현: 선생님, 의자가 주는 불편한 느낌과 함께 올라오는 감정이나 생각들이 있다면 말씀해 주세요.

내담자: 불안함이요. 나 혼자 살아가야 한다는 불안함….

우리는 이 감정을 타고 역행을 시작했고 몇 가지 유년 시절의 장면들에 가게 되었다.

텅 빈 학교 운동장에 혼자 서있는 8살 아이… 아무도 없다는 사실이 왠지 불안하게 느껴진다고 했다. 그리고 다시 3살… 자다가 깼는데 어두운 방 안에 혼자 있으며 집에 나 혼자 있다는 사실이 불안하게 느껴진다고 했다. 그리고 그다음 역행, 엄마 뱃속에서 태아는 엄마의 기분이 좋지 않다며 잔뜩 웅크리고 있었는데 주변의 고요함이 불안하게 느껴진다고 표현했다.

여기에서 다시 자발적으로 전생 역행이 이루어졌고 나는 그녀에게 상황을 물었다.

내담자: 저는 10살 여자아이예요. 동물 가죽옷을 입고 있어요. 저는 검은 머리의 동양인입니다. 그리고 제 이름은 아리입니다.

지금은 숲속에 혼자 있어요. 너무 불안하고 두려워요.

영현: 왜 혼자 있게 되었나요? 당신에게 무슨 일이 있었는지 당신은 점점 선명하게 그 사연을 알게 됩니다.

내담자: 전 부모가 없어요. 다 돌아가셨어요. 우리 부족은 매년 어린 아이를 제물 삼아 하늘에 제를 지내고 있는데 제가 제물이 될 차례였어요. 주로 부모가 없는 아이들이 제물이 됩니다. 전 그렇게 죽는 게 너무 두려워서 도망쳐 나와 숲속에 들어왔어요.

영현: 아리… 그렇군요. 지금부터 당신의 인생은 점점 더 빠르게 흘러가게 됩니다. 그리고 당신은 그 후로 어떻게 살아가는지 자연스럽게 다 알게 됩니다.

내담자: 숲속에 무서운 짐승이 있는 것 같아요. 한참을 걷다가 갑자기 저 앞에서 바스락거리는 소리가 나서 멈춰 서게 됐어요. 그리고 저는 더 이상 움직일 수가 없습니다. 제가 조금이라도 움직이면 그 짐승이 나를 발견할 것 같아서 저는 꼼짝없이 그곳에 숨죽이고 있어요 아… 그리고 그곳에서 결국 죽어갑니다. 아무것도 못 하고 움직이지도 않은 채 두려움 속에서 죽어갑니다.

나는 아리의 임종을 확인한 후 영혼 통찰 작업을 진행했다.
우리는 시간선(ISIP 기법)의 자리에서 윤회의 반복되는 패턴을 인식할 수 있었는데 그것은 혼자라는 느낌과 보호자로부터 보호받지 못하고 있는 느낌이었다. 그 상황에서 현재의식은 극심한 두려움과 불안함을 느끼면서 그 패턴과 감정들은 무의식 깊은 곳에 스며들고 있었다.

그리고 곧 그의 영혼(잠재의식)은 현재의식을 향해 이렇게 조언했다.

내담자(영혼): 너의 능력을 좀 더 믿어도 돼….
세상이 너를 고립시킨 게 아니라 너의 마음속 불안함이 그동안 너를 고립시켰던 거야. 너의 그 불안함이 너를 멈추게 했고, 그 이상의 무엇을 스스로 막았던 거야.
아리가 그곳에서 멈추지 않고 움직였다면 아리는 숲속을 빠져나가서 살았을 거야. 사실 그 주변에 아리를 해칠 무서운 짐승은 없었거든. 그저 아리의 마음속에만 존재했지.
좀 더 부딪히고 좀 더 깨지면서 너만의 숲속을 벗어나.
상처받는 걸 너무 두려워하지 마라… 매 순간 가진 것을 확인하고 감사하면서 한 발 또 한 발 더 나아가.

통찰 작업을 마무리하고 다시 엄마의 뱃속과 유년 시절을 거쳐 돌아왔을 때 그 아이는 아주 씩씩하게 바뀌어 있었다. 뱃속의 태아는 엄마의 기분과 분리되어 자신의 인생을 꿈꾸게 되었고… 3살 아이는 가만히 누워있는 게 아니라 일어나서 엄마를 찾아 나섰고… 8살의 아이는 우두커니 서서 불안함을 느끼는 게 아니라 운동장에 핀 예쁜 꽃들을 즐겁게 감상하며 놀고 있었다.

그리고 마음의 방에서도 더 이상 선생님은 작고 딱딱한 나무의자를 떠올리지 않았다. 푹신한 안락의자를 떠올려 편안한 마음으로 휴식을 취했다.

영혼이 들려준 조언 중에 인상 깊은 것이 있었는데, 사실은 그 숲속에 아이를 해칠만한 짐승이 존재하지 않았다는 부분이었다. 그저 그 짐승은 아이의 마음속 불안함이 만들어 낸 상상이고 환상이었던 것이다. 어쩌면 그 장면 속에서 바스락거렸던 소리는 다람쥐나 토끼 같은 작은 동물이 지나가는 소리였을지도 모른다.

그녀 또한 이 상담을 통해 자신이 살아온 방식을 여실히 인식할 수 있게 되었다고 했다. 미리 머릿속에서 고민하고 일어나지 않을 상황에 대해 불안해하며 정작 아무것도 하지 못하고 무기력하게 있는 자신의 모습을 말이다.

그리고 이건 우리 모두의 익숙한 패턴이기도 하다.

아마도 내면 깊은 곳에 불안함 없이 사는 이는 거의 없을 것이다. 분노로 가득 차있는 사람, 공격적으로 자신을 과시하려는 사람들조차도 내면을 분석해 보면 극심한 불안을 감추고자 또는 그것을 해결하고자 하는 수단과 방어기제로 분노와 공격성을 보이는 경우가 많다.

불안함은 어디서 오는 것인가. 불안함은 어디에 있는 것인가. 내가 불안해하는 것은 무엇인가.

그 질문의 대답은 생각보다 분명하다. 불안함은 우리의 마음속에서 비롯된 것이다.

또한 내가 진짜 불안해하는 그 대상을 냉정하게 살펴보면 우리는 금방 알아차릴 수 있다. 생각보다 그 대상이 극단적으로 과장된 미래의 한 허상이라는 것을 말이다.

이대로 굶어 죽게 될까 봐. 이대로 아파서 죽게 될까 봐. 이대로 다 버림받고 혼자 고립될까 봐….

하지만 대부분의 인생에서 그런 극단적인 일은 잘 일어나지 않는다. 그저 우리 마음속에서만 돌아가는 영사기의 홀로그램일 뿐이다.

우리는 현실과 세상을 불안해하는 것이 아니다.
내 마음속의 불안함을 불안해하는 것이다.

무엇에 만족할 것인가

　매사 사소한 일에도 짜증과 불만이 늘 따라오는 내담자가 있었다. 그 짜증과 분노는 거의 습관이 된 것처럼 일상에 스며들어 있었고 내담자는 그런 감정들을 안고 사느라 심적으로 늘 지쳐있었으며 인생의 즐거운 순간도 제대로 누리지 못하고 있었다.
　그는 상담을 통해 그 습관적인 감정들에 대한 이유를 알고 싶어 했다.

우선 마음의 방에서 그는 창문을 묘사할 때 특이하게도 격자무늬가 창문을 가리고 있다고 했다. 그래서 밖의 풍경이 제대로 보이지 않는다고 말이다. 그 방에서 내담자는 뭔가 공허하고 슬픈 느낌이 든다고 했고 우리는 그 감정들을 따라 역행을 시도했다.

유치원에서 친구들과 어울려서 놀지 못했던 기억, 4살 때 엄마가 동생을 출산했을 때 가족들이 모두 병원에 가고 4살 아이만 집에 혼자 남아있던 장면 등 몇 가지 유년 시절을 거친 후 내담자는 자발적인 전생 역행을 했다.

여기에서 우리는 2개의 전생을 확인할 수 있었다.

시대순으로 본다면, 고려 시대 때 장군으로서 전쟁에서 큰 승리를 거뒀지만 많은 부하를 잃고 적들을 살생한 것에 대한 마음의 죄책감을 안은 채 아주 무거운 삶을 살고 있는 전생이 있었다. 또한 그는 일생 가문과 관직에 얽힌 책임감을 짊어지고 살면서 극도의 답답함을 호소하기도 했다.

그는 임종의 장면에서 다음 생에는 모든 지위나 책임감을 벗어던지고 자유롭게 떠돌며 살기를 희망했다.

그리고 이어진 다음 생에서 그는 고려 시대 그 장군의 바람대로 조선 시대 상인으로 태어나서 자유롭게 봇짐을 매고 전국을 떠돌아다니는 삶을 살고 있었다.

그런데 참 아이러니한 것은 그 장군이 그렇게나 바라던 자유로운 삶을 살면서 정작 그 상인은 굉장한 불만에 싸여있었다는 것이다.

내담자: 너무 답답하고 짜증이 나요. 내 뜻대로 할 수 있는 게 하나도 없어요. 신분 때문에 말이에요. 전 이렇게 살 사람이 아니거든요. 제 안에는 큰 능력이 있어요. 그리고 저는 그 능력을 펼치고 대우를 받아야 하는 사람이라고요. 그런데 어쩌다 이런 신분으로 태어나서 떠돌이 장사꾼으로 살아야 하는지 모르겠네요. 아… 답답해.

신분에 갇혀 아무것도 할 수 없는 자신의 삶이 너무 무기력하고 지겹다며 불만에 가득 차있었던 그는 실제로 살고자 하는 의지도 없이 떠돌다가 결국 젊은 나이에 어느 산속에서 객사했다.

임종 후, 영혼의 상태로 빠져나오자 영혼(잠재의식)은 깊은 탄식을 쏟아냈다.

내담자(영혼): 현재의식을 맞춰주기가 정말 어렵습니다. 높은 가문과 직위에 대한 무거운 책임감과 답답함에서 벗어나 자유를 원한다 해서 평생 여행하듯이 아무런 구애 없이 살아갈 수 있는 가벼운 인생을 줬더니 이제는 자신이 이런 일을 할 사람이 아니라며 또 다른 불만에 빠지네요

그 상인은 스스로가 아직도 대단한 장군이라고 착각하고 있었습니다. 그러니 그런 상인의 사소한 삶이 시시하고 자신에게 맞지 않는다고 생각한 겁니다.

무엇에 만족할 것인가

현재의식은 저희에게 참 쉽지 않습니다. 이렇게 해줘도 만족하지 못하고 저렇게 해줘도 만족하지 못합니다. 정말 어렵습니다.

우리는 도대체 어떤 상황이 되어야 완벽하게 만족할까. 우리는 습관적으로 마음속에서 불만 등의 불편한 감정들을 느끼면서 희망이라는 조건을 상상한다.

'이렇게 저렇게 되면 나는 충분히 행복해질 수 있어. 내가 지금 불행한 건 현실적인 상황 때문이야.'

하지만 우리가 바랬던 그 조건이 이루어졌을 때 과연 우리는 완벽한 만족과 행복만을 느끼게 될까. 더 이상 아무것도 바랄 것이 없다며 충만한 만족감을 평생 유지하면서 살 수 있을까.

결국 우리는 그 고려 시대 장군의 윤회와 크게 다를 바가 없을 것이다.
멋진 능력과 지위를 주면 그것이 벅차다면서 불행해하고, 구애받지 않고 살 수 있는 자유를 주면 가진 게 없고 대우를 받지 못하고 있다며 불행해할 것이다.
남자로 태어나게 해주면 왜 자신들만 사냥하고 전쟁에 나가냐며 불만을 가졌을 것이고 여자로 태어나게 해주면 왜 이 시대는 여자들이 교육도 활동도 하지 못하게 하느냐고 불평을 토로했을 것이다.

결국 'ICS 정화와 소통'에서 늘 강조하는 부분으로 돌아올 수 있는데. 그런 바로 '콩 심은 데 콩이 나고 팥 심은 데 팥이 난다'는 것이다.

다시 말해 불만을 심은 곳에는 불만이 반복되고, 만족을 심은 곳에는 만족이 반복된다.

'바람'을 심은 곳에는 결국 만족이 나오는 것이 아니라 또 다른 필요에 의한 '바람'이 나오게 된다.

그 장군은 그가 바랬던 자유가 왔지만 정작 그가 수확한 것은 평생 몰입하고 반복적으로 느꼈던 삶에 대한 불만이었다. 일생 불만을 심었고 결국 그 씨앗은 자유로운 삶을 얻었지만 또다시 불만의 열매를 거두고 있었다.

내담자의 카르마 패턴은 불행한 체험을 반복하는 고달픈 윤회를 이어가는 것이 결코 아니다. 이 내담자의 카르마는 주어진 상황과 인생을 온전히 받아들이지 않고 밀어내려고 하는 불만의 감정인 것이다.

상담 후, 내담자는 실제로 이렇게 스스로 통찰했다.

내담자: 선생님, 알고 보면 지금 제 인생이 정말 적당하게 잘 잡힌 인생이었네요. 너무 많은 것을 가진 것에 대한 그 장군의 답답함과 가지지 못한 것에 대한 그 상인의 좌절 딱 중간쯤…. 지금 제 삶은 가장 완벽하게 적당히 가지고 적당히 자유로울 수 있는 삶인 것 같아요. 제 잠재의식(영혼)이 얼마나 신경을 써서 배려하고 만든 삶인지 이제는 정말 알 것 같습니다.

그런데 저는 여전히 오랜 패턴, 아무것도 만족하지 않으려고 하는 불만의 패턴에만 매여있었던 것 같아요.

우리는 마지막으로 영혼(잠재의식)에게 조언을 부탁하고 상담을 마무리했다.

내담자(영혼): 맞아. 난 지금의 네 삶을 가장 적당하게 조율했어. 너는 더 이상 장군처럼 무겁게 심각할 필요도 없고 상인처럼 신분이 낮다고 무시당하지 않아도 돼. 사실 그 상인은 정작 사람들에게 무시당한 적이 한 번도 없었음에도 스스로의 마음속에서 그런 착각을 일으키며 자신을 낮추고 있었어.
너 또한 세상은 늘 평온한데 네 마음속에서만 장군이 되어 있지도 않은 짐을 짊어진 듯 높은 곳에 자신을 올려놓은 채 무거워하고, 때론 상인이 되어 받지도 않은 무시를 마음속에서 만들어 내며 스스로를 낮은 곳에 떨어뜨려 놓고 세상을 향해 화를 내고 있었어.
하지만 애초에 이 세상에 높고 낮음은 없어. 네 마음속에서만 존재하는 거지.

이 세상의 모든 것들이 알고 보면 내 마음 안에 있다. 적어도 우리가 인식하고 있는 모든 현실이 말이다.
우리는 결코 세상의 진실을 마주하고 있지 않다. 늘 과거의 기억 속에서 그리고 감정과 신념들 속에서 필터가 씌워진 세상을 보고 있다.
그렇게 어느 날은 불안함의 필터를 씌우고 또 어느 날은 분노의 필터를 씌운 채, 똑같은 세상 앞에서 울었다가 웃었다가 불안에 떨었다가 화를 냈다가를 반복하곤 한다.

세상은 알고 보면 변덕을 부리지 않는다. 우리 마음만 변덕을 부릴 뿐이다.

이 내담자의 잠재의식(영혼)의 메시지를 되새기며 다시 한번 내 마음 안의 불만을 들여다봤다.

무엇이 나를 불편하게 하는가.
그것은 세상이 아니다.
내 마음의 반응이 나를 불편하게 할 뿐이다.

천 년의 낡은 습관,
신분의 억압 Episode I

다음은 사람들과 함께 있을 때마다 늘 주눅이 들어서 인간관계를 유독 불편해했던 내담자의 사례이다. 그는 사회생활을 하면서도 누군가의 부탁을 거절하지 못해 종종 손해를 보기도 하고 누구보다 성실하게 일하면서도 주변 시선에 자신감을 쉽게 잃어버렸으며 어렵고 힘든 일은 왠지 늘 자신이 해야 하는 몫인 것 같은 과한 책임감에 지쳐 있었다.

이완과 함께 그가 그린 마음의 방은 어두웠으며 창문 또한 없었다. 아니 창문이 있기는 한데 참 특이하게도 그 창문이 있는 벽으로 거대한 가시덩굴이 잔뜩 쌓여있다고 표현했다. 그래서 창문은 있지만 가시덩굴에 완전히 가려져 있었기 때문에 마음의 방은 빛 하나 없이 어둡기만 했으며 가구 또한 전혀 없었다.

영현: 이 방에서 어떤 기분이 느껴지나요? 그리고 저 가시덩굴을 치우면 창문으로 바람이 들어오고 빛이 들어올 텐데, 치우고 싶은 생각은 없나요?

내담자: 뭔가 불편하고… 걱정스러워요. 저에게 이건 아주 익숙한 감정이기도 해요. 그리고 가시덩굴은… 치우다가 찔릴 것 같아요. 그냥 남은 공간에 가만히 있고 싶어요.

불편함을 해결하기보다 불편함을 유지하고자 하는 무기력한 그의 패턴과 함께 그와 세상과의 교감을 막고 있는 가시덩굴의 정체가 궁금해졌다. 그리고 우리는 곧 유년 시절 연령 역행과 자발적인 전생 역행을 통해 그 가시덩굴의 정체를 확인할 수 있었다.

내담자: 3살이에요. 엄마가 동생을 데리고 시장에 간다고 해서 나도 따라가려고 나섰는데 엄마가 나는 집에 있으래요. 나도 따라가고 싶어서 울면서 떼를 쓰니까 엄마가 운다고 화를 내고 소리를 질러요. 난 너무 무서워서 울음을 참고 집으로 들어왔어요. (울음) 엄마는 동

생만 데리고 시장 갔고요.

내담자: 2살이에요. 배가 아파서 누워있어요. 그런데 엄마가 엄살이라면서 짜증을 내요. (눈물) 난 정말 아픈데 속상해요.

내담자: 1살이에요. 태어난 지 얼마 지나지 않은 것 같아요. 내 주변으로 사람들이 있어요. 가족들과 친척들인 것 같아요. 그런데 기분이 편하지는 않아요. 주변 분위기가 내가 아들이 아니라서 서운해하는 것 같아요. 다들 아들을 바랐는데… 내가 아들이었어야 하는데… 저들이 실망하지 않게 내가 잘 맞춰줘야 할 것 같아요.

내담자: 나는 10대 후반의 남자입니다. 머리에 두건을 쓰고, 망토를 걸치고, 짐을 한가득 들고는 들판을 걷고 있어요. 내 옆에는 주인이 낙타를 타고 있고요. 나는 주인의 시중을 들고 있는 노예입니다.

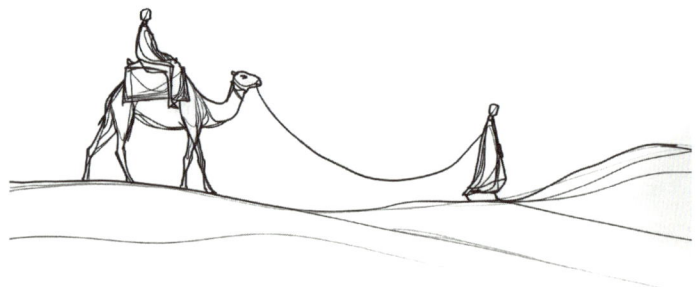

영현: 네, 그렇군요. 이제 당신의 인생이 그 후로 어떻게 흘러가는지

당신은 모든 것을 인식할 수 있게 됩니다. 당신의 인생을 저에게 이야기해 주세요.

내담자: 저는 평생 한 주인을 모시고 살았습니다. 그 주인과 가족들은 아주 괴팍하고 폭력적인 사람들이었고요. 저는 평생 일을 하고도 늘 그들에게 맞아야만 했습니다. 도망가고 싶은 생각이 간절했지만 시도하지 못했습니다. 제 친구가 도망갔다가 잡혀 와서 처참하게 죽는 걸 봤거든요. 저는 최대한 눈에 띄지 않게… 그래서 주인과 그 가족들의 심기를 건드리지 않게 숨죽이고 일만 해왔어요.
지금 저는 60세를 좀 넘어가는데 이제 병이 들었습니다. 곧 죽을 거예요. 제 인생은 너무나 힘들었고 너무나 고달팠습니다.
이렇게 고되게 살다가 병들어 죽을 거라면 도망이라도 시도했어야 하는데 너무 후회됩니다. 잡혀서 죽더라도 도망을 갔어야 했어요.
다음 생에 다시 태어난다면 정말 자유롭게 살고 싶습니다. 이렇게 무기력하게 살고 싶지는 않아요. (눈물)

하지만 안타깝게도 자유를 원하던 그 노예의 바람은 다음 생에도 이루어지지 않았다. 더 이상 노예가 아님에도 현생의 의식은 무의식 깊은 곳에 새겨진 노예로서의 위축된 삶을 스스로 지속하고 있었다.

나라와 문화를 막론하고 대부분의 역사적 시대들에서 엄격한 신분 제도는 늘 존재해 왔다. 수천 년의 인생을 반복하면서 우리는 아마도 노예나 최하위층에서 억울함과 극도의 무기력함을 경험했을 것이다.

그리고 이런 강렬한 경험에서 비롯된 학습은 자유로운 시대에 태어나서도 스스로를 무기력하게 억압하고 쉽게 낮춰버리며 자존감을 떨어뜨리게 한다.

그리고 무의식 속에 내재되어 있는 핍박받았던 두려움과 무능력에 대한 무력감은 유년 시절 권위적인 양육자의 강압적인 태도로 더 강하게 고착되어버린다.

결국 이 내담자 또한 이 시대에 맞는 새로운 인물로서가 아닌, 마치 여전히 자신을 핍박할 권위적인 주인이 주변에 있는 듯이 만성적인 불안함과 불편함을 지내고 살아가야만 했다.

얼마나 억울하고 원통한 일인가. 고달픈 인생 끝에 자유로운 새 인생을 바라며 죽어갔지만 이 좋은 세상에 태어나 자유를 누리지 못하고 여전히 노예인 양 자신을 억압하고 있으니 말이다.

나는 전생과 현생을 연결하고 있었던 윤회의 흐름을 정리하고 현생의 의식이 앞으로 어떤 방향의 각성을 해야 하는지 충분히 통찰할 수 있게 해주었다.

적어도 이 시대에 살고 있는 우리는 모두가 존중받고 행복할 자격이 충분히 있다. 그리고 얼마든지 자유로울 수 있다. 지금 우리는 당장 수천 년의 카르마로부터 자유로워질 수 있다. 그것을 더 이상 반복할 필요가 없다는 각성으로 말이다.

내담자가 충분히 통찰을 한 후 다시 유년 시절로 돌아왔을 때 그 장면들은 저절로 바뀌어 있었다. 아니 장면 자체는 같았으나 그것을 바라보고 받아들이는 아이의 시선이 완전히 달라졌다.

1살 때 자신이 아들이 아니라서 가족들이 서운해한다며 기가 죽었던 아기는 이렇게 말했다.

> **내담자:** 할아버지가 아들을 원하긴 했지만 저희 엄마 아빠는 첫딸이라고 너무 좋다고 말하네요. 할아버지가 뭐라 하시든 엄마 아빠는 저를 사랑한대요.

2살 때 배가 아픈 자신에게 엄살이라며 짜증을 부렸던 엄마는 그 후, 진짜 아파하는 아이를 확인하고는 화들짝 놀라 약을 먹이고 안아주고 있었다.

그리고 시장에 따라가겠다고 나섰다가 혼만 나고 울고 있었던 아이는 혼자 씩씩하게 집에서 놀고 있었는데 그 아이에게 시장에 따라가지 못해서 서운하지 않으냐고 물었더니 웃으며 이렇게 말했다.

> **내담자:** 괜찮아요. 동생은 엄마한테 업혀있어서 괜찮지만 걸어 다니는 저는 따라가면 엄마가 위험할 거래요. 짐이 많아서 제 손을 놓칠 수도 있다고요. 그대신 엄마가 맛있는 과자를 사올 거예요. 놀면서 기다릴래요.

똑같은 세상이다. 세상이 바뀐 것이 아니다. 그 세상을 살아가는 장

본인의 정체성이 바뀌니 세상도 완전히 달라졌다.

  마음의 방에서 또한 그 변화는 선명하게 보였다. 창문을 가리고 있던 가시덩굴이 사라지고 창문으로 환한 햇살과 시원한 바람이 들어오고 있었다. 그리고 무엇보다 그는 이 방을 자신의 스타일로 꾸미고 싶은 설렘과 의욕이 든다고 말했고 실제로 그가 바라는 대로 피아노와 벽의 그림 액자, 고풍스러운 가구들을 스스로 만들며 뿌듯해했다.

  결국 그 가시덩굴은 천 년을 이어온, 노예의 삶에서 비롯된 낡고도 낡은 억압된 습관이었다. 그리고 이제 그는 무기력하게 자신을 방치하던 그 낡은 습관 속에 더 이상 갇혀있지 않았다.

  상담이 끝나고 수일이 지난 후, 그는 자신의 변화를 신나서 이야기했다.

내담자: 선생님, 거의 처음으로 저를 위해 무언가를 시작했어요. 맛있는 음식점을 찾아서 내가 먹고 싶었던 음식을 사 먹고, 사람들을 만나는 게 불편해 미루고 있던 운동센터에 나가서 운동도 시작했어요. 무엇보다 회사에서 제 부하 직원이랑 고객 사이에서 꽤 시끄러운 분란이 일어났는데 예전이라면 내 책임인가 싶어 잔뜩 주눅이 든 채로 긴장 속에 아무것도 못 했을 제가 이번에는 자신 있게 나서서 그것을 중재하고 해결했어요. 그런 저 자신을 보면서 저도 얼마나 놀랐는지 몰라요. (웃음)
이게 자유로운 거네요. 그리고 이제야 진짜 나를 위한 삶을 산다는 게 어떤 느낌인지 알 것 같아요.

천 년의 낡은 습관,
신분의 억압 Episode II

먼 곳에 살면서도 한결같이 정화와 소통을 잊지 않고 찾아주는 감사한 인연의 한 내담자에 대한 사례이다. 그녀가 느낀 마음의 방은 꽤 괜찮은 듯 보였다. 조금은 어두웠으나 적당한 크기의 창문 밖으로 아름다운 풍경이 보이고 등받이는 없지만 의자는 꽤 편하다고 했다. 그녀는 이 방이 마음에 들며 안락하다고 느꼈다.

보통 본격적인 작업을 진행하기 전에 내담자가 자신의 마음의 방을 편하게 느끼는 경우, 자발적인 고립이나 외부와의 회피를 의미하는 경우가 종종 있기 때문에 나는 확인해 보았다.

영현: 만약에 다른 사람이 이 공간에 있다면 어떨 것 같나요? 또는 밖으로 나가야 한다면 기분이 어떤가요?

내담자: 불편해요. 다른 사람들이 나를 보는 게 싫어요. 내 행동에 제약이 생기거든요. 그들의 시선은 나를 간섭하고 불안하게 만들어요.

　나는 이 감정을 따라 역행을 시도했고 그녀는 몇몇의 유년 시절을 거쳐 이내 자발적인 전생 역행을 했다.

내담자: 유치원에서 재롱잔치를 하고 있어요. 무대에서 다 같이 발레공연을 하는 중인데 옷의 줄이 끊어져서 벗겨졌어요. 너무 당황스럽고… 선생님이 저에게 와서 처리를 해주셨는데 사람들이 다 저만 쳐다보고 있어요. '쟤 이제 어떡하냐'는 듯이 흥미롭게 쳐다보는데, 너무 불편하고 그 시선이 싫어요. 사람들이 나를 부당하게 바라보고 홀대하고 있는 것 같아요.

내담자: 병원에 누워있어요. 막 태어난 것 같아요. 모든 게 의아해요. 간호사로 보이는 사람이 잠깐씩 와서 쳐다보고는 다시 가버려요.

다들 바빠서 저에겐 관심이 없어요. 나를 좀 따뜻하게 대하고 안아주면 좋겠어요.

내담자: 저는 조선 시대에 살고 있는 16살 남자입니다. 지금 일을 하고 있어요. 우리 집은 늘 가난했기 때문에 쉬지 않고 일해야 먹고살 수 있습니다. 다른 방법은 없어요.

영현: 그렇군요. 이제부터 당신의 인생은 점점 더 선명해집니다. 당신의 인생이 어떻게 흘러가고 있는지 저에게 이야기해 주시기 바랍니다.

내담자: 저는 아버지를 따라 백정으로 살아갑니다. 하루 종일 일하고 또 일만 하면서요. 저는 먹고살기 위해 일만 했을 뿐인데 세상 사람들은 그런 저에게 다 손가락질을 합니다. 아무렇지도 않게 저를 향해 돌을 던지고 욕을 하고 비웃고… 무시합니다. (눈물) 그게 제 인생입니다.

저는 혼인을 하고 아이도 생겼습니다. 하지만 내 아들에게 변변한 이름도 지어주지 않았어요. 어차피 나처럼 인간 대접 못 받고 살아갈 텐데 이름이 무슨 소용이 있겠어요? 그런 아들의 인생이 측은하지만 어쩔 수 없어요. 내 아들도 나도 하찮은 인생입니다.

그 백정의 인생이 얼마나 고되고 무기력했을지 충분히 짐작할 수 있었다. 그냥 태어났는데 그런 인생인 것이다. 세상 사람들이 당연하게 짓밟아도 되는… 너무나 당연하게 괴롭히고 무시해도 되는… 존재 자체가 비참하고 하찮은 채로 태어난 것이다. 하찮은 내가 또 하찮은 자식을 낳아서 나의 고통을 대물림하면서 그는 얼마나 점점 더 무기력해지고 세상으로부터 도망치고 싶었을까.

그리고 이 강렬한 전생의 기억은 수백 년이 지나도 무의식 속에 남아 의식에 영향을 주게 된다. 신념과 감정의 패턴으로 말이다. 우리는 이유도 모른 채 사소한 일에도 밑바닥 끝으로 추락하고 있는 자신을 종종 발견하게 된다. 누군가의 시선 하나로 누군가의 말 한마디로 우리는 그 순간 지금의 자신을 놓치고 전생의 노예가 되어, 전생의 백정이 되어 익숙한 비참함 속으로 추락해 버린다.

나는 전생과 현생의 연결을 정리하면서 영혼에게 조언을 부탁했다.

내담자(영혼): 다른 사람에 상관없이 어떤 상황에서도 행복할 수 있었다. 어떤 상황에서도 안정감과 평화를 누릴 수도 있었다. 행복과 평화는 결코 타인에게서 오는 것이 아니기 때문이다.
백정도 행복할 수 있다. 그만의 행복과 평화가 충분히 있을 수 있다.
타인에 대한 너의 의미가 너를 더 불행하게, 초라하게 만들었다.
그저 내 가족 잘 챙기면서… 누가 뭐라 해도 귀한 너의 아들을 충분히 사랑할 수 있었다.

영현: 선생님, 영혼이 선생님에게 주는 저 메시지를 충분히 이해하고 받아들일 수 있나요?

내담자: 네, 저는 늘 지나치게 다른 사람들을 신경 쓰면서 살아왔던 것 같아요. 주위 사람과 끊임없이 저를 비교하면서 나 자신을 초라하게 만들었고요. 알고 보면 내 인생에 전혀 중요하지 않은 사람들인데 말이에요.
주변에 잘 사는 사람들이 있으면 괜스레 불안함도 들었던 것 같아요. 그 사람들이 나를 무시하고 마음대로 하려고 할 것 같았거든요. 이제 모든 게 이해가 되네요.

충분히 통찰을 하고 우리는 다시 현생의 유년 시절로 들어갔다. 따뜻한 관심을 바랐던 신생아는 엄마가 자신을 보러 올 때까지 안락하고 편하게 자신의 자리를 지키고 있었으며, 재롱잔치에서 옷이 벗겨졌던 유치원의 장면도 완전히 바뀌어 있었다.

내담자: 제가 옷이 벗겨졌는데 선생님이 와서 금방 고쳐줬어요. 그래서 나는 다시 공연을 하고 있어요.

영현: 사람들이 다 쳐다보고 있을 텐데 그래도 기분 괜찮아요?

내담자: 아니요. 사람들은 크게 관심 없어요. 자기 아이들만 보고

있어요. 그리고 엄마 아빠랑 눈이 마주쳤는데 오히려 잘했다고 해주는 것 같아요. 당황하지 않고 울지 않고 끝까지 무대에서 공연을 잘 마친 제가 자랑스러워요.

그렇게 돌아온 마음의 방은 한층 더 밝아져 있었고, 그녀는 밖으로 나가고 싶다고 말했다. 더 이상 사람들의 시선이 불편하지 않을 것 같다고 말이다.

나를 초라하게 만드는 것은, 나의 기억이 발현된 내 생각과 감정들 때문이다. 결코 세상이 나를 바닥으로 밀어붙이고 있는 것이 아니다. 적어도 이 시대 이 세상에서는 말이다.

우리는 삶의 베테랑, 생존의 두려움 Episode I

평소 돈에 대한 불안함이 늘 있었다는 한 내담자의 사례이다. 그녀는 자신의 인생이 마치 벼랑 끝에 서 있는 듯 한순간에 모든 게 다 무너질 것만 같은 위태로움을 느끼며 살아왔다고 했다.

상담에서 그녀의 마음의 방은 어두운 밤바다가 보이는 작은 통나무집이라고 했는데 그녀는 그 집에서 뭔가 살아남기 위한 절박한 심정을 느끼고 있다 했다. 사실 그녀가 말한 마음의 방은 이미 전생의 한 공간이었고 그녀는 유년 시절로 역행하라는 암시와 함께 전생의 한 장면 속에 자발적으로 가있었다.

내담자: 저는 14살 남자예요. 폴리네시안 쪽 사람입니다. 얼마 전 가족과 함께 배를 타고 가다가 파도에 배가 휩쓸려 부모님과 형이 죽었습니다. 저만 겨우 살아남았어요.
이 섬에서 어떻게 살아남아야 할지 막막합니다. 배도 고프고 너무 힘들어요.

이미 몇 회기에 걸쳐 깊은 이완이 확보되어 있는 내담자였기에 나는 전생 분석을 시도했고 우리는 같은 패턴으로 연결된 몇 가지 전생을 더 볼 수 있었다.

내담자: 저는 10대 후반의 남자고요. 북유럽의 추운 지역에서 살고 있습니다. 우리는 주로 사냥을 해서 먹고 사는데요. 얼마 전 저의 부모님은 사냥 나갔다가 눈사태로 죽었습니다.
저는 지금 할아버지와 고모, 고모의 자식인 사촌 형 집에서 살고 있어요. 그런데 고모가 저를 싫어합니다. 자기 오빠 대신 제가 사냥을 나갔어야 했다고요.
이 집에서 쫓겨나면 전 혼자 살아갈 수 없습니다. 이미 추운 겨울이라 먹을 것도 없고 추위에 꼼짝없이 죽게 될 거예요. 그런데 고모는 나를 쫓아내고 싶어 해요. 어떻게든 버텨야 하는데 막막하고 두려워요.

내담자: 저는 10대 후반의 여자이고요. 이름은 추추입니다. 동굴 속에 무리들과 함께 있어요. 이곳에서 건강하고 힘 좋은 남자의 아이를 출산해야 합니다. 그래야 그 남자로부터 보호받을 수 있어요. 내가 아이를 가지지 못하면 난 쓸모가 없어져서 이 무리에서 버려질 거예요. 그래서 너무 불안합니다.

전생 분석에서 이 전생이 마지막으로 드러났고 우리는 이 전생의 임종까지 살펴보았다.

내담자: 저는 결국 20살에 임신을 하게 됩니다. 하지만 출산을 하다가 아이와 같이 죽었어요. 이 인생은 늘 절박했습니다. 살아남고 싶었거든요. 그런데 참 허무하네요. 그렇게 눈치 보고 애쓰지 말걸… 어차피 이렇게 죽을 텐데 말이에요.

나는 그녀의 영혼을 시간선(ISIP 기법)의 자리로 유도했고 그곳에서 우리는 영혼의 통찰을 이어갔다.

영현: 이 윤회의 패턴은 무엇인가요? 어떤 패턴이 지금의 현생까지 영향을 주고 있는 걸까요?

내담자(영혼): 살아남아야 한다는 생존에 대한 강박, 동시에 힘을 가진 사람에게 인정받아야 한다는 패턴이 형성되었습니다. 그 패턴은 현생에서 생존에 꼭 필요한 돈에 대한 불안으로 나타나게 되었고 동시에 어릴 적부터 엄하고 권위적인 아버지로부터 늘 인정받아야 한다는 심적 압박감을 느껴야만 했습니다. 그러니 늘 긴장되고 불안할 수밖에요.

영현: 왜 당신은 생존에 대한 절박함을 반복했나요? 당신은 우리가 그 속에서 무엇을 알아차리길 바란 건가요?

내담자(영혼): 아무리 미리 걱정해도 결국 걱정대로 되지 않는다는 것을 스스로 알아차리길 바랐습니다. 일어나야 할 일이 일어나는 것이지 걱정이 일어나는 것은 아닙니다.
그러니 애초에 미래를 걱정할 필요가 없어요. 나는 나의 현재의식에게 늘 전하고 싶었어요.

미리 두려워하지 마라. 그 두려움은 결코 해결책이 아니다. 그러니 걱정할 필요가 전혀 없다.
네가 무엇을 두려워하는지 잘 안다. 하지만 그 두려움은 결코 일어나지 않을 것이다. 그러니 그 불안함 자체를 분리하고 잘 흘려보내라.

영혼의 메시지를 들은 현재의식은 뜨거운 눈물을 흘렸다.

내담자: 선생님, 이제 제 인생이 더 이상 벼랑 끝처럼 느껴지지 않습

니다. 제 발밑의 세상은 너무나 안정적이고 탄탄한 들판입니다. 처음부터 그랬어요. 처음부터….
그런데 제 불안함들이 마치 제가 벼랑에 서 있는 것처럼 착각하게 만들었던 거였어요.

그 후로 내담자는 처음으로 안정적인 것이 무엇인지를 느끼게 되었다고 했다. 나는 특히, 불안함과 두려움이 결코 해결책이 아니라는 그녀의 잠재의식의 메시지가 와닿았다. 불안함을 정당화하면서 유지하는 이유 중에 하나가, 마치 내가 충분히 불안해하고 대비를 해야 그나마 큰 불행을 피해갈 수 있을 거라는 신념인데 불안함과 두려움이 해결책이 아니라니 굳이 열심히 유지할 필요가 없다.

그저 내 안의 씨앗이 드러나는 게 나의 세상이니 내 안을 향해 정화하면 될 일이다.

우리는 삶의 베테랑,
생존의 두려움 Episode II

평소 만성적인 불안을 가지고 있었던 한 내담자의 사례이다. 그가 떠올린 마음의 방은 꽤 안정적이었는데도 그는 그곳에서 무슨 일이 일어날 것만 같은 두려움이 느껴진다고 했다.

몇 회에 걸쳐 이미 상담을 진행해 왔던 그는 마음의 방에서 바로 자발적인 전생 역행을 했고 나는 그 전생에 이어 전생 분석을 이어나갔다.

내담자: 저는 10살의 남자입니다. 댕기머리를 하고 한복을 입고 있어요. 저 바다 쪽에서 폭탄 소리가 들립니다. 사람들이 전쟁이 났다고 합니다. 죽을지도 몰라서 너무 두렵습니다.

내담자: 10대 후반의 백인 남자고요. 멜빵바지를 입고 배에서 일하고 있습니다. 주로 물건들을 배에 실어주는 일을 하고 또 같이 출항해서 여러 잡일을 해주고 있어요. 저는 이 일이 아주 즐겁고 좋았어요.

그런데 몸이 아프기 시작했어요. 설사가 계속 나고 구토를 하고 있습니다. 그런데 아무도 저를 돌봐주지 않아요. 혼자 방치되어 있는데 이렇게 죽을 것 같아 너무 두렵습니다.

결국 전생의 그는 그 장면에서 임종을 맞이했다. 그리고 생존과 건강에 대한 두려움은 영혼의 패턴이 되어 현생에 고스란히 영향을 주고 있었다.

영혼 통찰 작업에서 그의 잠재의식(영혼)은 현재의식에게 이렇게 조언했다.

내담자(영혼): 너는 늘 건강하고 안전하게 사는 삶을 원해왔다. 그러면서 과도한 걱정을 안고 살았지.
일어나지도 않은 일을 미리 걱정하지 마라. 두려워할 필요가 전혀 없다.
죽음은 새로운 것으로의 시작이다. 그리고 우리 모두가 늘 새로운 시작을 맞이한다. 그러니 그 순리를 두려워하지 마라.
너는 편하지 않은 상황을 스스로 늘 찾고 있다. 마치 그것이 너의 건강과 안전을 위한 부적이라도 되는 것처럼 스스로 편안함에 안주하려 하지 않고 늘 불편한 상황을 자초하고 있었다.
하지만 이제 편해도 된다. 네가 충분히 편해도 얼마든지 건강하고 안전할 수 있다.

오지도 않을 미래를 대비하기 위해 우리는 늘 현재를 잃어버린다. 안정적이고 평화로운 현재를 온전히 즐기는 것을 우리는 본능적으로 사치라고 생각한다. 왜냐하면 우리 무의식 깊은 곳에 갑작스럽게 삶이 무너졌던 트라우마들의 기억과 상처가 너무 크게 남아있기 때문이다.

그 기억의 상처들은 현재의식에게 늘 이렇게 말한다.

"인생은 아주 위태로운 거야. 내가 직접 경험해 봐서 잘 알아. 언제 갑작스럽게 무너질지 몰라. 그러니 지금 안주하면 안 돼. 편하게 즐기고만 있다가 어느 날 감당할 수 없는 불행을 겪게 될 거야. 항상 긴장하고 불안해하면서 닥쳐올 불행을 미리 예상하고 대비해. 그래야 살아남을 수 있어!"

그렇게 우리는 스스로 불편함을 자처한다. 현재의 안정과 평화를 뒤로하고 걱정과 불안함을 기꺼이 안은 채 최악의 미래를 그리면서 미리 불행을 예행연습한다. 적어도 전생처럼 해맑게 웃고 있다가 뒤통수 맞으면 안 되니 말이다.

그리고 이러한 습관은 점점 고착되기 시작하면서 이상한 공식의 신념을 만들어 낸다.

"편안하고 행복하기만 하면 언젠가 반드시 불행이 오고, 적당히 미리 불편하고 불행하면 큰 불행은 오지 않는다."

만성적인 불안함을 호소하는 내담자들의 내면을 탐구하다 보면 종종 만나게 되는 신념이기도 하다. 아니 당장 의식적으로 인식할 수는 없지만 많은 사람들의 무의식 속에는 저런 말도 안 되는 신념이 존재하고 있으며 그들은 그 신념을 마치 인생을 지키는 부적이라도 되는 듯 행복과 평온을 스스로 밀어내고 있다.

참 안타까운 일이다. 불행의 반복이 카르마가 아니다. 감정과 신념의 고착, 착각의 반복이 카르마가 되는 것이다.
우리는 지금 충분히 안전할 수 있고 충분히 행복할 수 있다. 그럼에도 천국에 앉아서 눈을 감고 귀를 막은 채 여전히 전생의 두려움 속에서 지옥을 그리고 있는 것이다.

내담자의 잠재의식이 했던 메시지 중에, 어차피 죽음은 순리이니 그것을 두려워하지 말라고 했던 부분이 인상적이었다.
어차피 우린 죽는다. 수백 번 죽어도 봤고 다시 태어나도 봤고 최악의 죽음도 얼마나 많이 경험했겠는가. 어찌 보면 우리는 수없이 죽음을 경험해 본 베테랑들이다.
불행할 것 같은 미래, 언젠가 맞이할 죽음을 두고 소중한 인생을 낭비하지 말아야겠다. 언제가 됐든 하루하루의 일상을 제대로 누리다가 가야겠다. 큰 업적까지는 없더라도 적어도 후회나 미련이라도 남지 않게 말이다.

인과법의 오해,
죄책감 Episode I

    가족과의 오랜 묵은 갈등에 상처가 깊었던 내담자의 이야기이다. 이 내담자는 특이하게도 마음의 방을 떠올리라고 했을 때 방이 아닌 청보리밭을 떠올렸는데 시원한 바람이 부는 청보리밭에서 그녀는 평온함을 느끼고 있다고 했다.

    본격적인 상담을 진행하기 전의 마음의 방에서 외부에 있다는 것은 어떤 존재로부터의 회피를 종종 의미한다. 나는 그녀에게 이 장소가 익숙한지 아니면 지금 새롭게 본 장소인지를 물었고 그녀는 이미 익숙한 장소라고 했다. 나는 그녀가 회피하고 있는 것이 무엇인지를 보기 위해 이 장소를 처음으로 본 곳으로 역행을 시도했다.

    20대 초, 그녀는 힘들어하는 자신을 외면하는 가족들로부터 상처를 받고, 자신의 방으로 들어가 문을 굳게 닫은 채 거실에 있는 가족들을 조금이라도 잊기 위해 상상으로 청보리밭을 떠올리고 있었다. 결국 그녀가 회피하고 싶었던 대상은 상처를 주는 가족들이었다.

    내면의 은유들은 이렇게 재미있다. 이렇게 20대 초의 상상 속 청보리밭이 이런 방식으로 최면에서 드러난 것이다.

그리고 그 감정들을 따라 몇몇의 유년 시절로 역행하게 되었는데, 주로 엄마가 언니와 어린 자신을 극명하게 차별하면서 상처를 받았던 장면들이었다. 그러면서 마음으로 엄마와 언니에 대한 원망이 깊어지고 있었다.

그 유년 시절의 끝에서 그녀는 자발적인 전생 역행을 하게 되었다.

내담자: 저쪽에 불바다가 되었어요. 나는 멀리 숨어서 지켜보는 중입니다. 그곳은 아수라장이에요. 많은 사람들이 죽고 불이 나서 마을이 엉망이 되고…. (흐느낌)

자신을 유럽 쪽에 살고 있는 10대 남자아이라고 말한 내담자는 이어서 더 선명한 상황을 이야기하기 시작했다.

내담자: 전쟁이 터졌어요. 너무 갑작스럽게 우리 마을은 공격을 받았어요. 나는 집에 있지 않아서 몸을 피할 수 있었는데 가족들은 집에 있다가 다 죽었습니다. (눈물)

영현: 아… 그렇군요. 당신의 인생은 그 후로 어떻게 흘러가나요?

내담자: 전 그렇게 멀리 도망가지는 않았어요. 고향 근처 산에 숨어 살면서 사람들에게 돈을 받고 남들이 싫어하는 나쁜 일들을 대신해 주며 연명했어요.
그렇게 막 살다가… 40살이 된 지금 누군가에게 결국 살해를 당해 죽게 됩니다. 당연한 결과예요. 돈을 받고 나쁜 짓들을 하며 막살았으니 말이에요.
차라리 그때 가족과 함께 죽었더라면 좋았을 텐데… 굳이 살아남아서 참 구질구질하게 살았네요. 지금도 내 부모님이 너무나 그립습니다.

나는 곧 이들 사이에 연결된 윤회의 흐름을 정리하기 위해 현생의 의식을 불렀다.

영현: 선생님, 지금의 현생은 저 전생으로부터 어떤 영향을 받고 있는 것 같나요? 어떻게 서로 연결되어 있는지 느껴보시기 바랍니다.

내담자: 아… 이럴 수가. 사실 제 의지대로 풀려고 했다면 전생의 가

족이 지금의 가족이라고 연결시켰을 것 같아요. 그런데 아니에요. 지금의 가족은… 전생의 제 친척들이었어요. 그들이 느껴져요. 이제 알겠네요. 전생에서 그 친척에겐 아들이 없었어요. 그런데 우리 집엔 제가 아들로 태어났죠. 집안의 전통상 아들에게 재산이 가야 했기 때문에 저들의 재산이 우리 집으로 넘어왔어요. 그들에게 없는 아들이 우리 집엔 있었으니까요. 아들이 있다는 이유로 저희 부모는 너무 당연하게 그들의 재산을 가져왔고 저는 그 친척이 억울했음을 알면서도 애써 외면했습니다.

전쟁으로 부모가 죽고 나서 저는 결심을 한 것 같아요. 부모가 그들에게 지은 빚을 내가 대신 갚아야 한다고요. 나만 살았으니 그 값으로 부모의 빚을 내가 갚아야 한다고요.

그래서 나는 현생에서 그 친척들의 미움받는 자식으로 오게 되었어요. 전생의 친척이었던 현생의 부모는 둘째가 100% 아들이라고 믿고 있었는데 또 제가 딸로 태어나서 큰 실망을 했어요. 그렇게 미움받는 자리에서 내 부모의 죄를 갚고, 이들과 결국 화해하려고 했는데….

영현: 전생의 부모의 빚을 갚기 위해 친척이었던 지금의 가족들을 만나 미움과 상처를 받게 되었는데요. 이게 모두에게 유리했을까요? 당신은 이렇게 모든 게 풀릴 거라고 그리고 잘 견디면 결국 모두가 화해할 거라고 생각했겠지만 결국 그렇게 되었나요?

내담자: 아니요… 오히려 미움만 깊어졌습니다.

나는 그녀를 시간선의 자리로 유도해서 신에게 조언을 받을 수 있게 했다. 그리고 곧 그녀는 신의 메시지를 선명하게 전하기 시작했다.

내담자: 전생에서 살아남은 것에 대한 죄책감을 느낄 필요가 없었다고 합니다. 부모의 인생과 분리되어 먼 곳으로 고향을 떠나, 아주 먼 곳으로 가서 나의 인생을 온전히 살아야 했는데… 저는 죄책감과 부모에 대한 집착으로 제 인생을 망쳐버렸다고 합니다.
그리고 그건 죽은 제 부모님도 결코 바라지 않았을 일이죠. 아마 제 부모님은 죽으면서도 아들만은 살 수 있어서 기꺼이 다행이라고 여겼을 겁니다. 그래서 자신의 소중한 아들이 먼 곳으로 가서 안정적으로 자신들의 몫까지 행복하게 잘 살아주길 바랐을 겁니다.
저의 죄책감은 결국 모든 것을 망쳐버렸습니다.

신은… 지금까지 나는 내가 아니기를 바라면서 살아왔는데 이제는 내가 나임을 받아들이고 온전히 나의 삶을 살아야 한다고 말씀하세요. 현생의 가족 속에서 인정받고 사랑받기를 원하며 살았던 것은 전생의 죄책감 속에서 비롯된 것인데 이제는 벗어나서 나 자신이 되어야 한다고 합니다.
이제 마음으로 전생과 현생 모든 가족의 인연들을 놓아도 된다고 합니다. 더 이상 그들을 연민하지 않아도 되고 더 이상 그들에게 인정을 바라지 않아도 된다고요.

　물질 세상의 인연들 중에서도 가장 깊은 인연이 가족이다. 가족은 마치 내 인생 그 자체인 것처럼 느껴진다. 결코 분리될 수 없는, 하나로 엮일 수밖에 없는 존재가 가족인 것 같다. 그러니 천륜이라고 하지 않는가.

　하지만 영혼 통찰 작업을 진행하다 보면 종종 우리의 정서와는 사뭇 다른 메시지들을 상위적인 차원의 존재들로부터 듣게 된다. 그 상위적인 존재들은 우리에게, 가장 소중하니 더욱더 그들을 놓으라고 한다. 그들과 얽힐 때 나도 온전할 수 없고 그들도 결코 온전할 수 없음을 이야기한다.

　어찌 보면 이런 메시지들이 우리의 관점에서 참 냉정하고 냉담하게 느껴지기도 한다. 하지만 결국 그 의미를 잘 들여다보면 그 존재들은 우리에게 냉정함을 말하고 있는 것이 아니라 진정한 사랑과 통합을 이야기하고 있다는 것을 알 수 있다.

며칠 전 자발적인 전생 역행이 일어난 또 다른 내담자의 사례에서도 위와 같은 메시지를 접할 수 있었다. 전생에서 조선 시대 부유한 집 여식으로 태어났지만 어릴 때 어머니가 일찍 돌아가시는 바람에 하인의 손에서 지극정성으로 키워졌고 후에 임진왜란이 터지면서 가족과 모든 하인들이 몰살당했다.

그 내담자는 자신을 키워준 하인들에게 깊은 연민을 가지고 있었고 그 연민은 현생으로 흘러가 지금의 부모님으로 연결되었다. 내담자는, 평생 자신의 인생을 돌보지 않고 여전히 전생의 하인처럼 일만 하는 현생의 부모님에 대해 마찬가지로 깊은 연민과 책임감을 느끼고 있었는데 내면에서 접한 상위적인 존재의 신은 그녀에게 이런 메시지를 전했다.

"너는 네 인생의 목적이 사랑을 전하는 것이라는 걸 이미 잘 알고 있다. 그런데 너는 정작 그 사랑이 무엇인지는 모른다. 네가 사랑이라고 믿은 것은 너의 기준이고 너의 신념일 뿐이었다.
내가 말하는 사랑은 무심이다. 연민과 집착, 자신의 신념대로 그들을 평가하고 책임지려는 것이 아닌 그들 자체를 가장 무심하게 바라보는 것이 사랑이다.
그 무심함은 그들이 그 자체로 온전함을 존중해 주는 것이다."

참으로 인간적이지 않다. 무심함이 사랑이라니….
그런데 정말 신이 있다면, 신이 인간적이지 않은 것은 한편으론 당연한 것이 아니겠는가.

　분리는 결코 단절을 의미하는 것이 아니다. 서로가 각자 가장 온전한 자신의 자리에 서게 될 때 왜곡 없이 서로를 가장 잘 직시할 수 있게 되고 그럴 때 서로 간에 진짜 교감이 시작된다. 그들을 제대로 보고 이해하는 것으로부터 진짜 교감이 시작된다는 것이다.
　그 온전한 교감이 사랑이 되고, 서로 섞여있음이 아닌 각자의 모습으로 완벽한 조화를 이루며 진짜 통합을 만들어 나간다. 너와 내가 한 자리에서가 아니라 모두가 각자의 자리에서 완벽한 전체의 통합과 조화를 이루어 나간다.
　그러니 더 가까워지기 위해 분리해야 한다. 그들을 진정으로 이해하고 사랑하기 위해 나 자신에게 더 집중하고 나를 더 이해해야 한다. 나를 찾고 채워나가는 것이 때론 이기적이고 냉정해 보일지라도 주저할 필요가 없다. 결국 그 끝에서 우리는 오히려 더욱 가까워진 그들을 만나게 될 것이다.

　그리고 그것은 이 내담자에게도 선명하게 보였다.
　통찰을 충분히 되새기고 전생의 에너지를 정리해 준 뒤 다시 내담자의 유년 시절로 들어갔을 때 참 의외의 장면이 펼쳐졌다.
　언니를 미워하고 엄마에게 서러움을 느끼던 마음은 없어지고, 언니와 사이좋게 놀면서 어린 그녀는 실은 자신이 얼마나 언니를 좋아했는지를 깨닫게 되었으며 다른 장면들에서도 언니와 가족들과 사이좋게 지내고 있었다.

신의 말대로 오랜 죄책감을 놓아버리고 자신을 먼저 온전히 받아들이겠다고 다짐했는데 오히려 가족들이 가까워진 것이다. 그렇게 지독한 감정으로 묶여있을 때는 단절되어 떨어져 있던 가족들이 오히려 집착을 놓고 자신을 먼저 받아들이니 옆에 있는 것이다.

사실 가족의 모습은 늘 같았을 것이다. 가족을 향하고 있던 수백 년의 사연이 사라지자, 똑같은 가족이지만 이를 바라보는 그녀의 눈이 바뀌게 되었다.

각성 후 내담자는 놀란 눈으로 이렇게 말했다.

내담자: 선생님, 너무 놀랍습니다. 어떻게 이 작업 하나로 가족이 완전히 다르게 보일 수가 있죠? 그동안은 저만 피해자라고 생각했는데 그게 아니었네요. 그리고 제가 받았다고 생각했던 그 상처 속에 이런 어마어마한 집착과 죄책감이 있었는지 정말 모르고 살았어요. 모르고 살았으니 풀 수도 없었던 거고요.

오히려 부모님에게 똑똑한 언니가 있어준 게 지금은 너무나 감사하네요. 언니는 나를 힘들게 하는 존재가 아니라 오히려 내 깊은 마음의 빚을 대신해서 갚아주는 고마운 존재였어요.

그리고 이제는 정말 홀가분하게 저를 받아들이고 제 인생을 살 수 있을 것 같습니다. 저도 몰랐던 깊은 죄책감을 벗어던진 느낌이에요.

왜 제 잠재의식(영혼)이 상담을 받게 했는지 알 것 같아요. (웃음)

인과법의 오해,
죄책감 Episode II

사람들에게 베풀기 좋아하고 세상 착하고 선하게만 살아온 내담자의 이야기이다. 각성 상태의 사전면담에서 천사 같은 미소를 늘 짓고 있었던 그였는데, 웬일인지 어두운 마음의 방에서는 세상 사람들과 자신을 향한 짜증을 크게 느끼고 있었다.

그는 이미 이전 상담에서 유년 시절의 패턴을 충분히 다룰 수 있었는데, 그래서인지 이번 상담에서는 현생을 뛰어넘어 바로 자발적인 전생 역행을 했다.

내담자: 저는 30대 중반의 여자이고요. 이곳은 중국입니다. 저는 지금 사람들에게 둘러싸여 있어요. 저 사람들이 나를 죽일 거예요. 너무나 무기력한 느낌입니다.

영현: 어떤 사연으로 이렇게 된 것인지 당신은 이미 다 알고 있습니다. 이제 모든 것이 선명하게 떠오르기 시작할 겁니다. 저에게 당신의 사연을 이야기해 주세요.

내담자: 전 평범한 사람과 결혼해서 살고 있었어요. 그런데 어느 날 마을 지주로부터 자신의 애첩으로 들어오라는 압박을 받기 시작했습니다. 남편은 당연히 엄청나게 거부했지만 그 지주의 권력이 너무나도 강해서 저는 결국 그의 애첩으로 들어가게 되었어요.

그 후로 남편을 비롯해 마을 사람들이 저를 비난하기 시작했습니다. 남편을 버리고 권력을 따라간 아주 나쁜 년이라고요. 저는 너무나 화가 났습니다. 너무 억울했고요. 제가 애첩으로 들어가지 않았다면 아마 남편은 그 지주의 손에 죽었을지도 몰라요. 그런데 사람들은 나를 비난합니다. 그래서 화가 났어요. 나는 그 화를 견디지 못하고 많은 사람들을 괴롭히기 시작했습니다. 나를 욕하는 사람들을 잡아들이고 고문도 하고···.

그녀는 괴로운 듯 잠시 말을 멈추고 흐느끼다가 다시 힘겹게 말을 이어나갔다.

내담자: 그렇게 몇 해가 지나고 이 마을에 큰 흉년이 들었습니다. 그러면서 사람들의 폭동이 일어났어요. 지주는 도망가 버리고 저는 혼자 잡혔습니다. 여자가 잘못 들어서 흉년이 난 것이라며 사람들이 아우성을 치고 있습니다. 나를 죽여야 한다고요.
나는 이 모든 상황이 너무나 수치스러워서… 견딜 수가 없어서… 그 자리에서 자결을 합니다. 차마 저 사람들 손에 죽고 싶지는 않아서요.

영현: 네, 이제 당신의 육체에서 빠져나오세요. 그리고 좀 더 편안하게 당신의 인생과 지금의 심경을 이야기해 주시기 바랍니다.

내담자: 이런 죽음을 맞는 건 당연한 겁니다. 제 화풀이로 사람들을 괴롭혔으니까요. 결국 남편을 배신한 것도 맞고요.
하… 모든 게 후회스럽습니다. 단추를 잘못 끼웠어요. 사실 남편을 살리는 길이라고 애첩을 택했지만 제 마음속 깊은 곳엔 가난에서 벗어나 화려하게 살고 싶은 욕망이 있었습니다. 어쩌면 저는 그 욕망을 들키지 않기 위해 나를 비난하는 사람들에게 더 화풀이했던 것 같아요.

다시 태어난다면 제일 밑바닥에서 모든 것을 희생하며 잘못을 풀어나 갈 겁니다. 나는 죽으면서 이렇게 살아온 나 자신을 저주했습니다. 그러니 나는 결코 행복해지면 안 됩니다. 내 힘을 함부로 휘둘러서 누군가에게 고통을 주었으니 나는 철저하게 희생하고 남들을 위해 살면서 죗값을 치러야 합니다.

그리고 그녀의 한 마디가 나에게 굵직한 여운을 남겼다.

"나는 결코 행복해지면 안 됩니다."

내담자는 아주 어린 시절부터 자신의 상처나 감정보다는 부모의 상황이나 감정을 더 우선으로 이해하려고 하는 어린아이 같지 않은 행동들을 해왔고, 그 행동 패턴은 성인이 되어서도 늘 외부를 향해 자신보다 타인을 더 챙기려는 희생으로 드러났다.

자신이 받는 무례한 대우나 상처가 분명함에도 늘 이를 꾹 누른 채 사람들을 더 챙기고 배려하려는 노력이 어느덧 그를 지치게 만들고 있었으며, 결국 그 피로감이 나의 상담으로 그를 이끌었던 것 같다.

그의 선한 행동에는 사실 자신을 벌주고자 하는 깊은 자책과 죄책감이 연결되어 있었다. 참으로 슬픈 일이다. 그리고 참으로 모순적인 일이다.

나를 사랑하지 못하는데 타인을 사랑하려고 하고, 나를 용서하지 못하는데 타인을 용서하려고 하고, 내가 나를 받아들이지 못하는데 타인을 안으려고 하고, 나의 행복을 밀어내면서 타인의 행복을 지켜주려고 하는 슬프고도 모순적인 패턴들이 사실은 우리에게 아주 흔한 패턴들이다.

나는 그를 순수한 영혼의 상태로 유도했고 왜 그런 삶을 계획했는지 그 의도를 물었다.

내담자(영혼): 그 삶에서 그녀는 자신의 욕망을 따라갔습니다. 그리고 그 욕망을 세상에 들키기 싫어서 분노라는 포장으로 숨기고 있었죠.
하지만 우리는 욕망을 비난하지 않습니다. 오히려 우리는 욕망을 경험하기를 원했습니다. 욕망을 체험하고 그 욕망의 끝을 기꺼이 받아들이기를 말이죠.
그녀는 스스로 죽음을 선택하지 말았어야 했습니다. 그녀는 수치심을 피하기 위해 스스로의 목숨을 끊을 것이 아니라 그 수치심까지 경험하고 기꺼이 그들의 손에 죽었어야 했습니다. 그랬더라면 그녀의 자책은 천 년을 이어지지 않았을 겁니다. 여기서 마무리를 해야 했습니다.

나는 좀 더 상위적인 조언을 구할 필요가 있을 것 같았기에, 신에게 조언을 구하라고 요청했다. 그리고 곧 그 영혼은 신의 메시지를 나에게 전달해 주었다.

내담자(영혼): 신은 모든 게 다 잘 마무리되고 있다고 하시네요. 그리고 어디에도 치우치지 말라고 하세요.

현생의 의식은 무의식 속에서 자신을 저주하고 그것을 풀고자 착함을 스스로에게 강요하면서 살아왔어요. 자신을 보지 않는 것으로, 자신을 돌보지 않는 것으로 죗값을 치르려고 했습니다.

하지만 신은 옳음과 그릇됨 어디에도 치우치지 말라고 합니다. 그냥 중도에 서 있는 게 인과로부터 벗어나는 거라고요.

옳고 그름을 나누어 자신을 벌주고 타인에게 복수하고… 그 분별이 인과의 윤회를 만들고 있다고 합니다.

우리는 신에게 용서를 받는 것이 아니다. 그리고 타인에게 용서를 받는 것도 아니다.

나의 죄책감의 정체를 바로 보고 스스로 그것을 용서해야 한다. 신이 나를 용서하기를 세상이 나를 용서하기를 기다리며 나를 잃어버리지만 수천 년이 지나도 나를 용서하는 이는 없다. 그 죄책감과 용서는 내 안에 있기 때문이다.

그리고 신은 우리에게 착함을 말하지 않는다. 너 자신을 알아야 너를 용서할 수 있고, 너를 받아들여야 너의 인생이 온전해질 수 있음을 말한다.

신이 말하는 완성은 옳음의 승리가 아니다. 신이 말하는 완성은 우리가 온전한 체험으로 자신을 받아들이는 것이다.

새로운 시작,
미래생의 '나'에게로 확장

이 책의 주된 내용은 ISIP(ICS 영적 통찰 프로세스™) 과정 중에서도 주로 전생에 대한 사례를 다루었다. '전생'이라는 개념은 이미 세계적으로, 스피리추얼 최면 작업이나 영혼 통찰 부류의 작업을 하는 수많은 최면 단체나 개인들이 필수적인 과정으로 다루고 있다.

나는 이제 이 책의 작은 공간을 활용해 그동안 시도되지 않았던 좀 더 색다른 형태의 '미래생' 통찰을 간략하게 소개하고자 한다.

이 책의 도입부에서 이야기했던 나의 개인적인 내적 혼란의 시기에, 나는 전생들의 기억과 함께 나의 미래생에 관련된 장면들도 종종 느낄 수 있었다. 그것은 전생과는 또 완전히 다른 차원의 통찰을 일으켰고 이것의 내적 파급력은 전생 그 이상으로 강렬했다.

물론 이것 또한 전생과 마찬가지로 실제적인 증거가 없을 뿐 아니라 스스로도 그것을 100%라고 확신하지는 않는다. 어디까지나 주관적인 내적 체험일 뿐이고 실제로 내가 모든 전생의 삶을 다 기억한 채로 태어나 미래의 새로운 삶을 살아 봐야 정확하게 사실 여부를 알 수 있을 것이다.

하지만 누누이 이야기하듯이 나는 전생을 토대로 역사의 사실관계를 검증할 생각도 없고 미래를 정확하게 예언할 만한 능력자도 아니며, 그저 이 모든 체험들이 가지는 가치는 통찰로 인한 내적 성장과 '지금'이라는 현실을 온전히 체험하는 데 있어서 실질적으로 긍정적인 변화를 일으키고 있다는 것이다.

그리고 나는 미래생에 대한 체험과 그 통찰들을 바탕으로 ISIP 과정에도 '미래생'을 통한 통찰 단계를 업그레이드하게 되었다.

보통 최면과 정화라는 개념에 있어 그 대상은 주로 과거일 경우가 많다. 미래 최면을 다루는 상담사들도 있으나 대부분 직접 암시를 이용해 긍정적으로 작화된 이생의 미래 어느 시점을 체험하는 정도이다.

보통은 최면을 통해 유년 시절의 트라우마나 상처를 직접적으로 다루거나 영혼 통찰 작업을 통해 전생 또는 전생과 현생 사이의 영계 세상을 다루거나 등으로 과거의 시점에서 작업을 종종 하게 된다. 또한 내면을 정화한다고 할 때도 주로 과거로부터 학습되고 고착되어 온 고질적인 생각과 감정들을 주로 다룬다.

호오포노포노에서 또한 조상으로부터 비롯된 과거의 모든 기억을 정화해야 한다고 말하고, 내면 아이를 다루는 개념에서 말하는 내면 아이 또한 과거의 상처에 갇혀있는 기억의 아이를 말하는 것이며, 모든 명상과 수행 등에서 언급되는 내적 에고 상태 또한 과거의 경험으로 만들어진 패턴을 지칭하는 것이다.

'미래생'의 관점에서 지금의 인생과 나를 바라보며 통찰하는 것은 그동안 과거에 치중되어 있던 모든 내면 작업들의 한계를 대범하게 뛰어넘어 내적으로 새로운 균형감을 맞출 수 있게 해준다.

과거가 드러나는 것은 그것을 충분히 인식하고 이제는 그 고착된 힘을 스스로 놓으라는 것이고 미래가 드러나는 것은 그 진화한 에너지를 인식하면서 지금의 나에게 새로운 방식으로 통합하라는 것이다.

그리고 미래생을 다루는 이 과정은 단순히 그 장면을 방문하는 것에 그치는 것이 아니라 세부적이고 색다른 방식으로 정리와 재통합을 통해 통찰을 얻도록 하는데 이것을 두고 ISIP(ICS 영적 통찰 프로세스™)에서는 '미래생 효과'라고 부른다.

ISIP 작업이 깊은 이완 속에서 제대로 진행될 때, 이 작업은 단순히 현재의식 차원의 통찰을 넘어서 영혼의 각성으로까지 이르게 된다. 우리의 현재의식이 물질이라는 차원 속에 갇혀서 생각과 감정의 반복에서 벗어나지 못하고 있는 것처럼 결국 우리의 영혼 또한 윤회라는 차원에 갇혀서 수천 년 삶의 반복에서 벗어나지 못하고 있다.

그리고 시간이라는 착각 속에서 한 생의 드라마가 그리고 수천 년 윤회의 대서사가 돌아간다.

우리의 현재의식이 내적으로 붙잡고 있었던 '시간'이라는 개념과 착각 속에서 벗어나 완전히 새로운 내적 공간을 체험하며 각성할 때, 비로소 우리의 영혼 또한 인과의 시간 속에 갇혀있던 윤회라는 틀에서 벗어나 신의 또는 초의식의 공간 속으로 진화할 수 있게 된다.

과거는 하나의 경우로 고착되어 있고 반면 미래는 불투명한 상태로 아주 유동적이거나 아예 만들어져 있지 않다고 믿어왔던 것은 시간이 일방적인 방향으로 흐르고 있다는 착각에서 비롯되었다. 하지만 수년간의 신비로웠던 개인적인 체험과 수많은 사람들의 깊은 이완 속에서 진행되었던 영적 통찰의 과정 등에서 확인하고 느낄 수 있었던 것은 완전히 달랐다.

과거와 미래는 같은 파동의 기억 행태로 동시에 존재하며 또한 그것은 동시에 아주 유동적이기도 하다. 그리고 그것은 시간의 흐름의 형태로 느껴지지만 실은 현재와 동시에 중첩되어 있으며 그것의 원리를 조금씩 인식할 때 현실의 체험은 더욱더 또렷해지며 현존하는 현재의식을 넘어 영혼의 각성으로까지 저절로 이어진다.

이것에 대한 구체적인 개인적 체험과 통찰에 대한 메시지들은 현재 'ICS 정화와 소통' 프로그램의 고급실천반에서 다루고 있는 부분이기도 하다.

그리고 참 신기한 것은, 자발적인 전생으로의 역행 현상이 일어났던 것처럼 어느 시기부터 아무런 암시도 하지 않았는데 나의 내담자들이 자발적으로 미래 진행을 하기 시작했다는 것이다. 물론 자발적 전생 역행에 비하면 그 수가 현저히 적기는 하지만 말이다.

다음은 현생 임종을 자발적으로 넘어 영혼의 차원으로 스스로 넘어갔던 내담자의 미래생 작업 후, 그녀가 진솔하게 올린 후기이다.

드디어 마지막 세션이 다가왔습니다.

최면을 시작하고 이완에 들어갑니다.
그런데 시작하자마자 몸이 이리저리 흔들리는 것 같고 어지럽습니다. 제가 앉은 의자가 흔들리는 줄 알았는데 제 의식이 흔들리는 거였어요.
떠오르는 장면에서 저는 흔들리는 요람에 누워있는 아기가 되어있었습니다. 바깥 풍경은 평화롭고 밝았지만 상대적으로 아늑한 방안에는 붉은 비단으로 감긴 소파가 하나 있어요.

그곳에 드레스를 입은, 누가 봐도 왕족으로 보이는 젊은 여자가 창가에 기대어 앉아 평화로운 표정으로 밖을 바라보고 있습니다. 마치 저의 엄마 같아요. 지난 세션에서 전생으로 나왔던, 어린 나이에 왕에 올랐던 그 시절인 것 같기도 한데 그저 그 장면은 평화롭고 아름다웠으며 매우 기분이 좋았습니다.

왜 이 장면을 보여주느냐고 나의 영혼에게 물어보는데 갑자기 그 화면이 꺼져버린 듯 앞이 깜깜해집니다. 그리고 그 장면의 흔들리는 요람 속에서 벗어났는데도 여전히 나는 몸이 흔들렸어요. '이게 뭐지?' 하고 당황해하는데 선생님께서 차분하게 제 영혼의 에너지가 지금 너무 강렬해서 저의 신체가 그렇게 느낄 수도 있다고 하십니다.

그리고 선생님의 안내를 받아 다시 그 장면 속으로 돌아갑니다. 그리고 나의 영혼이 이렇게 말하는 메시지를 들었어요.

"모든 걸 지금처럼 평화롭고 즐겁게 봐라."

나중에 선생님 말씀으로는 전생의 어린 왕의 엄마가 아니라 제 잠재의식과 현재의식의 관계를 그런 형상으로 보여준 것 같다고 하셨습니다.

그리고 갑자기 다시 장면이 바뀝니다. 우주 속에 있어요. 정말 우주 사진에서나 볼 듯한 화려한 색상의 성운과 성단들이 생생하게 보여요. 그리고 곧 어느 장소가 나타났는데 엄청난 빛이 쏟아져요. 한낮의 태양보다도 훨씬 더 밝은 빛인데 이상하게 눈이 부시지는 않습니다. 위에서 쏟아지는 것 같은데 옆에서도 빛이 느껴져요. 그리고 선생님께서 그 빛에서 느껴지는 메시지를 느껴보라고 하네요.

격려의 에너지가 느껴집니다. 잘하고 있다고, 뭔가 계속 저에게 힘을 주는 것 같아요.

그 힘을 온전히 받아들이고 있으니 어느 순간 그 장면이 사라집니다.

이제 선생님이 제 영혼에게 물어보십니다. 제 영혼은 무엇을 학습하고자 윤회를 반복하고 있느냐고요.

'**인내**'라고 합니다. 그리고 다시 물어보십니다. 그럼 그 '인내'라는 학습은 얼마나 남았느냐고 하니 얼마 안 남았다고 합니다. 이번 제 인생에서는 '**성급함**'을 인내해야 한다고 하네요. 성급할 때 의심이 생기게 되고 그 의심은 곧 불안함을 느끼게 하다고 합니다.

그리고 내가 이 성급함을 인내하게 되면 이제 나의 윤회가 끝난다고 합니다. (이때 헉! 했는데 나중에 선생님께서 이제 숙제를 위한 윤회는 끝나고 영혼이 즐기러 오는 인생이 있는 거라고 하셨어요.)

저는 곧 우주 속을 빠른 속도로 지나가고 있었습니다. 은하들이 휙휙 지나고, 어느 순간부터는 아무것도 없는데도 계속 가고 있어요. 아무것도 없는데 뭔가 우주의 벽을 따라 움직이는 느낌? 그리고 어느 곳에 도착합니다. 그곳은 아무것도 없는데 신기하게 밝은 느낌이에요. 그리고 내 영혼은 말합니다.

"이제 쉴 겁니다."

그리고 그렇게 얼마간의 휴식을 취하던 제 영혼이 다시 이렇게 얘기합니다.

"지구의 하늘이 보고 싶어요. 지구로 다시 돌아갈 겁니다."

그 순간 실제로 선명한 분홍빛, 황금빛의 노을 진 하늘이 떠오르면서 엄청 보고 싶어졌어요. 그리고 감정이 벅차오르는데 정말 말로 표현할 수 없을 정도로 감동적이었습니다. 그러면서 지구로 돌아가면 그냥 평화롭게 하늘을 즐기면서 살 거라고 합니다.

그리고 곧 다음 미래생이 보였어요.

체코의 시골, 남자 양치기가 평화롭게 하늘을 보고 있어요. 영혼이 그리워하던 딱 그 붉은, 황금빛의 노을 지는 하늘이에요. 그리고 선생님이 저를 부릅니다.

저 생을 보며 어떤 느낌이냐고 물으시길래, 뭔가 더 아쉽다고, 더 재밌는 삶을 살아도 될 것 같다고 대답해요.

그런데 저 후생이 저를 볼 때는 전생인 제가 현실적으로 늘 바쁘게 일만 하고 살아서 저런 휴식의 삶을 산다고 하네요. 제가 느끼지 못했던 하늘과 자연, 평화와 휴식을 온전히 보상받고자 하는 인생이라고요.

그래서 이번엔 그 원인 전생이 된 지금의 제가 그 후생과 연결되어 있었던 인연을 정리했어요. 그러자 이제 그 연결이 끊어짐으로써 열린 새로운 미래생이 보입니다.

한 남자가 출근 중입니다. 키도 크고 잘 생기고 스타일도 아주 멋져요. 서서 무언가를 읽고 있는데 자신감이 흘러넘칩니다. 그런데 현대에 가까운 느낌이 아니에요. 꽤 먼 미래인 것 같아요.

푸른빛이 도는 지하철(?)을 타고 있는데 주변은 마치 바닷속처럼 부드럽고 푸르게 느껴집니다. 그리고 그 푸른 빛에서 참 신비롭게도 저뿐만 아니라 다른 사람들이 에너지를 얻는 것 같았어요. 그리고 그 남자는 금융(?) 같은 어떤 시스템 쪽에서 일하는 전문직 같았는데 일을 굉장히 재밌어해요. 선생님께서 미래의 저인 그 남자에게서 그 당당하고 자신감 있는 에너지를 받으라고 하셨어요.

그런데 그 순간 그 남자가 저를 쳐다봅니다. 씨익 미소 지으며 얼마든지 이 에너지를 가져가라고 하더군요. 그리고 아주 굵고 투명한 유리파이프 같은 곳에서 푸른색 에너지가 마구 쏟아져 들어왔어요. 청명하고 시원한데, 그러면서 따뜻한, 높은 차원의 에너지의 느낌이었습니다.

이제 저 에너지가 제 속에 스며들어 천천히 인생에서 나타날 거라고 선생님이 말씀해 주세요.

일하면서도 재미있고, 여유롭고, 하늘의 풍경에 감동하면서 그 모든 걸 누릴 수 있게 될 거라고 하셨어요.

선생님이 제 영혼에게 물어보셨어요. 혹시나 제가 잊어먹고 또 습관적으로 헤매게 될 때 해줄 조언 같은 게 있는지요. **"나를 잊지 마. 내가 있다는 걸 잊지 마"** 라고 합니다. 뭉클합니다.

그렇게 세션이 끝났습니다. 정말 엄청나죠.

단순히 현생의 임종 체험 정도나 할까 기대했는데, 영혼의 상태로 우주도 통과하고 휴식도 취하고 미래생으로부터 에너지도 받고 왔네요.

중간중간 소름이 끼쳤는데, 선생님도 그러셨다고, 제 에너지에 두통도 느꼈다고 하셨어요.

사실 선생님께서 마지막 회기의 세션이라 이것저것을 해볼까 하고 세션 전에 계획을 짜려고 하셨대요. 그런데 '그런 거 아무것도 필요 없고 의미도 없다'라는 느낌이 계속 올라오셨다고. 그래서 계획을 안 잡았다고 하셨어요.

그리고 세션 후에 선생님과 앉아서 얘기하는데 계속 어지럽고 몸이 빙빙 돌더라고요. 가만히 있고 싶은데 제 의지와 상관없이 상태가 계속 도는… 그때 선생님께서 지금 뭔가 균형을 맞추고 있는 거 같다며, 땅을 느끼고 가족을 떠올리라고 하셔서 그렇게 했더니 신기하게도 몸이 바로 멈췄어요.

이 세션이 끝난 지금은요. 저는 제 인생을 있는 그대로 사랑하게 되었습니다.

이번 생이 제 영혼에게 있어 숙제로써는 마지막 윤회라고 했을 때 사실 저는 '왜? 난 아직 이렇게나 불완전한데, 이렇게 끝낸다고?' 정말 의아했어요. 저의 좁은 시야의 현재의식으로는 마지막 생이면 정말 완벽한(완벽하게 부유해서 하고 싶은 것 다하고, 완벽하게 예쁘고 똑똑하고, 완벽하게 올바른) 그런 한 치의 티끌도 없을 만한 생을 만들었을 것 같은데, 저는 전혀 그렇지 않거든요.

그런데 가만히 생각해 보면 제 영혼의 입장에서는, 지금의 제 인생이 마지막을 장식할 완벽한 생이어서 만든 겁니다. '성급함'을 이겨내는 마지막 임무(?)도 줬고요. 그렇게 생각하니 제 인생이 너무 자랑스럽더군요.

제 인생을 있는 그대로 사랑하면서 '성급함을 이겨내는 인내심'이라는 제 영혼의 숙제를 푸는 데 최선을 다하려고 해요.

　선생님은 진정한 안내자세요. 세션을 하면서 느낀 건데, '이게 뭐지?' 하고 막막한 상황에서도 부드럽게 잘 풀어주시는데 '와! 이런 것도 배우셨나?' 싶었답니다.
　전혀 최면에 관심이 없던 저도 이번을 계기로 언젠가 ISIP 수업을 들어보고 싶네요.
　이 세션을 하고 나니 ISIP라는 게 대단하다는 것, 그리고 이걸 하고 계시는 선생님도 엄청난 분이시라는 건 확실하게 알겠어요. 감사합니다.

전체를 향해가는 여정, 자기 용서, 자기 사랑

나는 꽤 오랜 시간 최면 전문가로서 내담자들의 무의식의 패턴을 분석해 왔고 또 동시에 내담자의 의식 너머 시간을 넘나들며 영혼의 패턴을 탐구하고 분석해 왔다.

동시에 'ICS 정화와 소통'으로 나에 대한 자기 탐구도 일상에서 꾸준히 해왔다. 20여 년 동안 나의 생각과 감정들 그리고 나의 유년 시절과 부모로부터 온 영향력들 그리고 그 너머 울트라 뎁스®, 제드 상태를 거쳐 알게 된 나의 수많은 전생과 영혼의 패턴 그리고 나의 미래 생을 향한 윤회의 흐름을 느끼고 관찰해 왔다. 그리고 이런 방대한 것들이 결국 지금의 이영현을 만들고 지금 내가 경험하는 모든 순간들에 관여하고 있음을 느낀다. 그와 함께 이런 경이로운 원리를 지속적으로 탐구하며 관찰해 나가고 있다.

이런 나의 내적 탐구에 대한 노력은 아마도 이생에서 죽는 순간까지 이어질 것 같다. 나의 이번 생은 기꺼이 '나의 탐구'라는 주제로 모든 즐거움을 대체할 생각이다. 실제로 그것이 주는 보상은 실로 크다.

현실적인 변화뿐 아니라 나의 성격, 성향의 변화, 그리고 때때로 물질적인 흐름의 방향을 놀라울 정도로 틀어버리기도 한다.

또한 내 주변의 많은 사람들이 이 탐구 과정을 통해 스스로 의미 있는 변화를 일으키는 것을 수없이 지켜봐 왔다. 이것이 이번 생의 나의 목적임을 이제는 받아들인다.

물론 몇 회기의 최면 작업만으로 억겁의 전생 사연들이 한 번에 다 풀려나가고 인생의 카르마가 극적으로 뒤집히지는 않는다. 사실 그게 그렇게 쉬웠다면 이 세상 모든 카르마가 이미 다 풀리고 거대한 집단 윤회의 여정도 끝나버렸을 것이다.

하지만 최면 작업, 그중에서도 ISIP의 영적 통찰 작업은 나의 탐구를 위한 아주 유용한 과정임은 분명하다. 내가 나의 무의식 속 패턴을 보고자 하는 노력을 스스로 하지 않으면, 그것을 알 수 있는 기회는 오지 않는다. 우리는 수천 년을, 나의 본질적인 정보를 외면하고 외부 세상만을 바라보는 것에 익숙해져 있기 때문이다.

나의 탐구 과정이 결코 완성되지는 않았지만, 그래서 여전히 성장해 나가고 있는 중이지만, 지금 느끼고 있는 것은 다음과 같다.

많은 사람들이 살아가면서 가지게 되는 수많은 내적 고통들… 불안과 두려움, 억울함, 분노, 슬픔, 시기질투, 그리움, 우울, 무기력 등등 결국 그 끝에서 우리가 마주해야 하는 것은 **'자기 용서'**라는 것이다. 비단 고통스럽고 부정적인 자원만이 아니라 외적으로 드러나는 긍정적인 것들 아래에도 대부분 그 시작점은 결핍과 쾌락, 욕심, 시기질투, 여러 부정적인 감정들의 회피 등일 때가 많은데 결국 이런 뒤틀린 긍정적인 외적 자원의 끝에도 마지막 미션처럼 우리 앞에 주어지는 것은 '자기 용서'이다.

우리가 호소하는 모든 결핍과 고통이 어디 있는지를 보라. 그것은 모두 우리 마음 안에 있다. 분노도 슬픔도 고통스럽다고 말하는 그 사연들도 결국은 내 머릿속, 나의 내면에 있다. 결국 내가 나를 괴롭히고 있는 아주 잔인하고 이상한 시스템에 우리는 갇혀있는 것이다.

나에 대한 불신이 외부를 향한 분노와 원망으로 발현되고, 나의 무능력과 무기력함이 외부를 향한 불안과 시기 질투로 드러나고, 나와 내 인생을 받아들이고 싶어 하지 않는 저항감이 외부를 향한 우울과

좌절로 드러난다.

나를 탐구하고 동시에 수많은 내담자들을 만나면서, 나와 내담자들의 오랜 카르마의 패턴을 이해하기 위해 우리는 결코 외부로 나갈 필요가 없었다. 우리는 그저 조용히 이완하고 고요하게 내면을 더욱더 깊이 바라봤을 뿐이다.

그 속에서 우리는 외부에서 결코 발견할 수 없었던 해답을 찾았고, 어떤 스승으로부터도 찾을 수 없었던 인생의 방향을 스스로 발견하기도 했고, 그 어떤 책에서도 볼 수 없었던 각자의 정보들과 영감적인 메시지들을 인식할 수 있었다.

과연 우리는 행복을 바라고 있는 게 맞을까. 인생의 고통은 누가 지속시키고 있는 것일까.

얼마 전 TV에서 출산 장면을 보게 되었다. 여느 출산의 갓 태어난 아기들이 다 그렇듯, 화면 속의 아기 또한 작은 주먹을 꽉 움켜쥐고는 세상 고통스러운 표정으로 용을 써가며 울어대고 있었다. 새삼스럽게 놀라운 사실은 웃으면서 태어나는 아기는 없고 평온한 표정으로 세상을 맞이하는 아기는 찾아볼 수 없다는 것이다.

태어나는 순간부터 고통이 시작된다. 아니 고통으로 인생이 시작된다고 하는 게 맞을까.

어쨌든 그 아이들의 울부짖음이 나에게는 마치 이렇게 들렸다.

'아 싫다. 정말 싫다. 이 고통스런 인생을 또 반복해야 한다니.'

인생은 어쩌면 진짜 비극일지도 모른다. 그러니 태어나는 순간부터 울부짖는 것이 아닌가. 더 정확히 표현하자면 객관적인 외적 비극이 아니라 우리의 내적 인지 차원에서 이미 세상을 고통과 비극으로 인식하게 되는 것 같다.

그것도 그럴 것이 우리의 무의식에는 즐거운 경험보다 고통스러운 경험이 훨씬 깊은 자국을 남긴다. 즐거웠던 경험은 인상적인 어떤 큰 자극이 있지 않은 이상 생각보다 쉽게 흘러가 버리고 그것을 떠올리려고 할 때도 추상적으로 느껴질 때가 많다.

반면 고통스러웠던 경험에서 비롯된 감정은 시간이 지나도 어제 일처럼 생생하게 되새겨지고 오랫동안 또렷한 외상의 흔적을 남기는 경우가 많다. 그래서 우리는 대부분 죽음을 맞이할 때, 즐거움과 만족을 느끼며 마무리하기보다 상처와 한, 미련, 그리움, 결핍 등의 고통을 더 강하게 안고 가게 된다. 그러니 당연히 영혼의 여정에서 또한 즐거운 자원보다는 인생에 대한 고통스러운 자원이 훨씬 더 강하게 작동되어 카르마를 형성시키고 있을 것이다.

이런 관점은 나의 오랜 비판적이고 회의적인 성향이 여전히 남아있어서 그럴지도 모르고, 사람들의 상처를 들여다봐야 하는 직업의 특성상 생긴 것일지도 모른다. 또 어쩌면 나의 전생을 비롯해 내담자들의 수많은 전생들에서 행복한 삶 보다는 비극적인 삶을 주로 많이 봐

와서 그런지도 모른다.

　전쟁과 분란, 질병과 육체적인 고통, 사랑하는 사람들과의 이별, 빈곤, 계급에 따른 억울함과 갈등. 과도한 책임감과 희생, 누구나 맞이하는 죽음. 전생을 여행하다 보면 늘 따라오는 인생의 장면들이다.

　수천 년의 인생을 반복하는 윤회 속에서 극도의 고통스런 경험은 누구에게나 있었을 것이고 그것은 안타깝지만 리셋되지 않은 채 깊은 무의식에 새겨져 현생을 시작했을 것이다. 그러니 이생에서 큰 트라우마가 없었다 하더라도 우리 안에는 이미 모든 고통의 느낌들이 존재하고 있다. 그리고 그 깊은 상흔이 다양한 모습으로 현실에 영향을 주고 있다.

　탐구의 밑바닥에서 가장 놀라운 사실은, 실은 우리 스스로 행복을 밀어내고 있다는 것이다. 겉으로는 행복과 건강과 평온함을 너무나 갈구하지만 무의식 깊은 곳에서는 여러 가지 사연들로 학습된 패턴들이 '나는 행복할 수 없고, 행복해서도 안 된다'고 말하고 있다.

　늘 이상적인 삶을 꿈꾸며 희망을 말하지만 무의식 깊은 곳에서는 인생은 늘 고통이고 결핍은 당연한 거라고 말하고 있다. 참 잔인하게도 인생의 고통을 유지하고 반복하고 지속시키는 장본인 또한 신이 아닌 바로 우리 자신이다.

　그리고 제각각 다양한 사연들을 안고 있지만 결국 그것의 똑같은 근원적인 원인을 들여다보면 결국 자기를 받아들이지 못하고 신뢰하지 못하며 자신을 이해하지 못하고 자신을 사랑하지 않음에서 모든 것들이 비롯된다.

    윤회의 반복과 고통 또한 어쩌면 자신을 용서하지 못한 자책에서 비롯된 결과물들일지도 모른다. 이것은 한 생을 바라보는 현재의식의 시각뿐 아니라 영혼의 자책으로도 연결된다.
    '그 인생에서 더 잘했더라면… 더 능력이 있었더라면… 더 열심히 해봤다면…' 등등의 후회와 미련이 윤회의 끈을 돌리고 있다. 더 나은 방향이 있을 거라는 착각으로, 해결하지 못한 미완성의 숙제를 떠안고 있다는 자책으로 영혼들은 그 어떤 삶도 완성으로 마무리하지 못하고 수천 년을 반복하고 있다.
    그 속에서 우리는 수많은 눈물을 흘리면서도 또다시 물질 세상에서 살아남기 위해 애를 쓴다.

결국 이 거대한 미완성을 완성 시킬 수 있는 키는 '**자기 사랑**'이다. 현재의식에서 비롯된 진정한 자기 용서와 이해가 영혼으로까지 확대되고 비로소 윤회의 흐름 또한 유연해지기 시작한다.

'자기 사랑'은 '자기 용서'가 선행될 때 가능할 수 있고 또 진정한 '자기 용서'는 제대로 된 '자기 이해'가 선행될 때 가능하다. 결국 이는 우리가 끊임없이 자신을 탐구해야 하는 이유이기도 하다.

내 안의 부정적인 모습과 고통, 깊은 상처들을 진정으로 용서할 수 있을 때 나를 진짜 받아들이고 사랑할 수 있게 되는데 그러려면 먼저 나의 부정적이고 고질적인 패턴들이 무엇인지를 제대로 알고 이해해야 하는 것은 아주 당연하다. 용서할 대상을 명확히 알고 용서를 하는 것이 진짜 용서다. 그것을 외면하고 쳐다보지도 않으면서 무턱대고 용서할 거라는 식은 진짜 용서가 아니다.

내 인생을 알지 못하면 내 인생을 받아들일 수가 없고, 나 자신을 제대로 알지 못하면 나를 받아들일 수가 없다. 사랑이든 용서든 이해든 결국 이 모든 전제에는 그것, 내 인생과 나 자신에 대한 앎이 필수적으로 전제되어야 한다.

나를 탐구해 나가면서 알게 된 나의 정보들, 패턴들을 인식하고 각성할 때 조금씩 나와 인생에 대한 이해가 일어나게 되고 그 이해들이 모이고 모여서 어느 날 마침내 진정한 자기 용서가 저절로 일어나며 그 용서와 함께 애씀이 없는 진짜 사랑이 내 안에서 비로소 일어나기 시작한다.

겉으로 나를 사랑한다고 외치고 내가 멋진 사람이라고 말하며 나의 단점이나 부정적인 부분들을 외면하고 좋은 부분만을 인식하고 부각시키려는 것은 오히려 진짜 자기 용서나 사랑과는 점점 멀어지게 만든다.

자기 용서나 사랑의 과정에서 우리는 필연적으로 먼저 나의 생각과 감정의 패턴을 만나야 하고 그것을 만든 근본적인 불편한 원인들을 수없이 직면해야 한다. 그 과정은 격렬하지만 외부를 공격하지 않고 그 과정은 때론 아주 혼란스럽고 고통스럽지만 결코 외부를 비난하지 않는다.

그저 나를 향해 있으면 된다.

그리고 세상이 뭐라 해도 내가 붙잡고 있었던 나의 억겁의 사연을 이제는 놓아줘야 한다. 세상이 뭐라 해도 내가 붙잡고 있었던 깊은 자책을 이제는 정말로 놓아줘야 한다. 그리고 심연 깊은 상처 속으로 기꺼이 들어가서 나를 안아주고 이해하라. 그러기 위해서 우리는 나를 향한 이 여행을 시작해야만 한다.

함께 읽으면 좋은 책

◆ 정화와 소통 시리즈

내 인생의 호오포노포노
: 천사들이 들려주는 이야기

내 아이를 위한 정화
: 자녀를 사랑하는 부모들을 위한 정화 가이드북

내 인생의 날개를 펼쳐라
: 현실을 바꾸는 내면의 비밀

나는 왜 호오포노포노가 안 되는 걸까?
: 천사들이 들려주는 이야기 세 번째 시리즈

영혼의 매트릭스
: ICS 정화와 소통

◆ 최면 시리즈

의식을 여는 마스터키, 최면
: 메즈머리즘에서 울트라 뎁스® 까지

최면, 써드 제너레이션
: 에고를 넘어서

**KMH 전문가 그룹
최면상담 사례집**
: 무의식 리-프로그래밍

ISIP 시간의 프리즘
: 전생에서 미래생까지

초판 1쇄 발행 2025년 03월 05일

지은이 이영현
펴낸이 류태연

펴낸곳 렛츠북
주소 서울시 영등포구 문래북로 116, 1005호
등록 2015년 05월 15일 제2018-000065호
전화 070-4786-4823 | **팩스** 070-7610-2823
홈페이지 http://www.letsbook21.co.kr | **이메일** letsbook2@naver.com
블로그 https://blog.naver.com/letsbook2 | **인스타그램** @letsbook2

ISBN 979-11-6054-751-1 (03190)

• 이 책은 저작권법에 따라 보호를 받는 저작물이므로 무단전재 및 복제를 금지하며,
  이 책 내용의 전부 및 일부를 이용하려면 반드시 저작권자와 도서출판 렛츠북의
  서면동의를 받아야 합니다.

• 잘못된 책은 구입하신 서점에서 바꾸어 드립니다.